近代ヨーロッパ史

世界を変えた19世紀

福井憲彦

筑摩書房

目次

はじめに

日本は東アジアの東端にあって、ヨーロッパとは、ユーラシア大陸をはさんでちょうど反対側にあたる。しかしその日本を含めて現代世界は、ものの考え方、ものの生産の仕方、あるいは日常的な生活のあり方など、さまざまな面で、ヨーロッパが生み出した近代的な様式と無縁ではいられない。

近代とか、近代的といった表現は、二一世紀を生きるわれわれにはすでに馴染みの深いものであろう。しかし、それらの表現を、はたしてどのような内容において捉えればよいのか、いざそう問われると輪郭がもう一つはっきりしない、ということはないであろうか。近代的な政治体制、社会秩序、学問研究や科学技術、それらを支えている思考の体系、これらを生み出したヨーロッパの一八世紀、一九世紀の歴史とは、いったいどのようなものとして捉えられるであろうか。その歴史は、現在にいたるまで、どのような遺産を正と負との両面で世界に伝えてきたのであろうか。

一八世紀といえば日本では、徳川幕藩体制のもとで社会や経済が安定的に機能していた時代であった。そして一八世紀末には浅間山が大爆発を起こし、天明の大飢饉が多くの被害を庶民にもたらした。一九世紀にはいると、いろいろな改革の模索がおこなわれ、文化的にも多様なおもしろい展開がみられたものの、一九世紀なかばには黒船が来航して世の中は急激に変動しはじめる。いわゆる幕末維新に向かう激動のはじまりである。

黒船としてやってきたのはアメリカ海軍であったが、これはもちろん、ヨーロッパの近代が生み出した一連の動きの一環であった。アジアにとっては、近代ヨーロッパからもたらされたウェスタン・インパクトといわれる動きである。

地球世界の一体化という意味でのグローバリゼーションにしても、現代になって急に生じたものではない。それは、すでに存在していた世界各地の地域内交易・地域間交易に、ヨーロッパが積極的に介入しはじめたことによって、現代へ向かう数世紀の展開を開始したのであった。

ヨーロッパ自体の地理的範囲は決して広くはない。とくに近代を牽引した西ヨーロッパは、ユーラシア大陸の西端にあるそれほど広くない一帯である。しかし、われわれがとりあげる時代には、きわめて複雑で多様な要素がからみあって、ヨーロッパ内部の歴史はもとより、地球世界全体の動きを、大きく左右するようになっていった。一九世紀は世界史における「ヨーロッパの世紀」といってもよい時代となる。

近代ヨーロッパの歴史的展開を、世界史のなかでのその位置取りと役割とを見落とすことなく、その大きなポイントにおいて捉えてみよう、というのが、本講義の目標である。要素は複雑で多様であるから、網羅的に検討することはできない。私なりの切り口からの提起を受けて、皆さんご自身で調べ考えることを進めていただきたいと願う。

二〇〇四年十一月

福井憲彦

近代ヨーロッパ史

世界を変えた一九世紀

1　ヨーロッパによる海外進出の開始

一五世紀後半からのポルトガル、ついでスペインを先駆けとして、ヨーロッパ各国が「東方の富」を目ざして海外へと進出を開始した。インド洋から東南アジアを経て東アジアにいたる海域世界には、すでに豊かなアジア交易の世界が存在していた。東回りの航路でその世界への参入を目ざしたヨーロッパは、他方で西回りの航路を開発しようとした結果、大西洋を越えた南北アメリカへの直接支配をはじめることになる。この章では、一七世紀にいたるヨーロッパの海外進出について、その要点を捉えるとともに、歴史的な位置づけを考えてみよう。われわれの今回の勉強にとっては、直接の前史にあたる時代である。

1　ポルトガルのアジア交易参入

ヨーロッパ諸国の、地球規模での世界進出の先駆けをなしたのは、イベリア半島の小国ポルトガルであった。

イベリア半島を支配していたイスラーム勢力を海峡の向こうの北アフリカへと押し返そうという、キリスト教勢力によるレコンキスタ（再征服）運動は、ポルトガル王国においては一四世紀末までには完了していた。しかし小国ポルトガルには、再征服において勲功のあった貴族にたいして、十分な見返りをあたえられるだけの領土的な余裕はなかった。くわえて、キリスト教勢力をさらに海の向こうへと押し進めていこうとする、いわばレコンキスタの延長が志されていた。キリスト教世界の拡大を追求する動きである。

しかも半島に位置して海に開かれていたこの国には、すぐれた航海術や操船の技術が蓄積されていたようである。一四一五年、「航海王子」といわれるエンリケが北アフリカにあるイスラーム勢力の拠点セウタを攻略すると、これを足がかりにポルトガルは、アフリカ西岸沿いに東方へ向かうルートの開発にのぞんだ。

一四八八年には、西岸沿いに下ったバルトロメウ・ディアス（一四五〇ごろ―一五〇〇）がついにアフリカ南端の喜望峰に到達した。ヴァスコ・ダ・ガマ（一四六九―一五二四）が、その喜望峰を回りこんで、ムスリム（イスラーム教徒）の水先案内をえてインド洋を横断し、インド西岸のカリカットに到達したのは、その一〇年ほどのちのことである。ムスリムの水先案内というのは、すでにインド洋を舞台とした交易でムスリム商人たちが活発な活動を展開していたからである。

ガマによる遠洋航海の成功はポルトガルで熱狂的に歓迎され、かれが持ち帰った大量のインド産の胡椒は、ポルトガルにアジアとの交易のうまみを教えた。ヨーロッパでは採れない胡椒は、現在では想像がつかないほどの貴重品として、ヨーロッパ内で流通したからである。ポルトガルは、胡椒をはじめとしたアジア内での香辛料交易に介入して、ヨーロッパ向けの交易を独占しようとすることになる。

ポルトガルの展開は、その要衝となる地点を押さえようとするもので、目のつけどころはなかなか戦略的であったといえる。一五一〇年にインド西岸の港市ゴアを占領して総督府を置き、アジアへ展開する拠点を確保した。すでにインド洋海域で重要な役割をはたしていたムスリム商人たちを、場合によっては武力で押さえつけながら、東に向かっては一五一一年に香辛料交易の東の中心マラッカを占領してマラッカ海峡を押さえ、ついで香辛料の主産地であるモルッカ諸島をも支配下に置こうと動く。おりしも東南アジアの海域を中心としたアジア内の交易は、現代オーストラリアの歴史家アンソニー・リードによって歴史上の「大交易時代」と名づけられたほどの活況を呈していた。

一五一七年には広州を足場として、明代の中国との直接の通商を開始し、一五五七年にはマカオに居留地を確保して対中国交易の拠点とした。この間ポルトガルは、一五四三年には種子島に来航し、やがて平戸における対日本の交易にも携わることになる。

インドから西においては、アフリカ東海岸のモザンビークや、ペルシャ湾入口のホルムズなどに要塞を築いて拠点とし、ムスリム商人たちの商業活動を牽制するとともに、紅海を封鎖してヨーロッパ向けの香辛料や宝石などの高価品の交易を独占しようと図った。しかしこの試みは、結局のところ完成させることはできなかった。

アジア交易の世界に参入して利をあげようとしたポルトガルの展開は、その後のヨーロッパ諸国の展開と同様、平和裏に商取引をしようとするものばかりではなかった。その商船は大砲を備えて武装しており、はじめから武器による脅しを含んでいた。ヨーロッパで進歩していた武器製造の技術、とりわけ火砲製造技術は、武力の点でヨーロッパを圧倒的な優位に置きはじめていたのであった。圧倒的な武力を背景に商取引を迫るポルトガルの活動は、一種の大砲外交のような性格を、はじめから備えていたといわなければならない。そもそもこの時代には、アジアに運んでいって売れるだけの価値ある産品は、まだヨーロッパには十分にはなかったのである。

他方で、ポルトガルのアジア進出は、レコンキスタの延長としての性格を保持し続けている。日本にイエズス会士フランシスコ・シャヴィエル（ザビエル）（一五〇六―五二）が来航して布教に励んだように、船団の活動目的は、商業とともにカトリック教会の伝道に

表1-1　ポルトガルのアジア進出

1415年	北アフリカのセウタを攻略
15世紀	西アフリカ海岸沿いに南下を探求
1498	喜望峰経由のインド航路開拓
1510	インド西岸ゴアを占領、総督府設置へ
1511	マラッカ占領
1517	広州で明と直接交易
1543	種子島に来航
1557	マカオに居留地を確保

リスボン遠望（筆者撮影）　テージョ川から眺めるリスボンの船着場とコメルシオ広場。後方には要塞のある丘がそびえ、港をにらむかたちであるが、この町の正面の顔が海に開かれたかたちとなっていることがよくわかる。リスボンは現在でも、かつての海洋帝国をしのばせるところがある。

もあったことはたしかである。一種の文明の伝播を、その当初から使命としていた。

いちはやくアジア交易に参入し、重要な港市を拠点として確保したポルトガルであったが、広いアジア内において、交易の支配権を掌握することはできなかった。しかし、アジアからの産品を直接ヨーロッパへもたらすメインルートを押さえて富を集積したポルトガルは、一種の海洋帝国を形成したといってよい。

ポルトガルの首都リスボンは、大西洋からテージョ川を一三キロほど遡行したところに位置する良港に面した町である。この時代には、大洋に直接面した外港よりも、喫水を確保できる深さで、いささか川をさかのぼった内港をもつ町のほうが、安全面からして優位にあった。アジア産品の集積地として、そしてそこからまたヨーロッパ内へと売りに出していく根拠地として、ポルトガルの首都リスボンは、たいへんな活況を呈することになる。

中世においては、北イタリアの諸都市を中心に地中海にあったヨーロッパの遠隔地商業の中核が、大西洋側へとシフトしはじめたことは、時代が変化しはじめていたことを地理上の変化として示すものといえる。

2　スペインによるアメリカ占領とアジアへの進出

イベリア半島では、ポルトガルにやや遅れてスペインでも、レコンキスタが結末を迎えようとしていた。半島におけるイスラーム勢力最後の拠点、優雅なアルハンブラ宮殿で有名なグラナダから、ナスル朝の勢力が北アフリカへと逃れ、ついにレコンキスタが完了したのは一四九二年であった。その同年に、まだできて間もなかった新生国家スペインの女王イサベル（一四五一―一五〇四）は、ジェノヴァ出身の商人にして航海者コロンブスに資金を援助し、西回りでのアジア航路開発の冒険旅行に送り出す。東方の富は、ここでも大きな吸引力を発揮していた。

よく知られているように、困難な航海のすえ最初に到達したのが、現在のバハマ諸島に位置するサン・サルバドル島であった。コロンブスはその後も三回の大西洋横断航海に成功し、カリブ海域の島々や中南米沿岸を探検し、植民地を開発しようとしているが、最後までここがインドであると信じていた。この地はインディアス、その住民はインディオ(インドの人)と名づけられた。このインディオという表現は、現在にいたるまで、旧スペイン領中南米の先住民を呼ぶのに用いられている。

ヨーロッパのさまざまな国から、冒険者たちが大西洋を渡って現地に入り、その後帰還することで、南北アメリカの状況は次第にヨーロッパに知られるようになる。スペイン国王の支援で一五一九年に出発したマゼラン(一四八〇ごろ―一五二一)の船団は、南アメリカ南端を経由して太平洋を東から西へと横断し、フィリピンの領有を宣言したのちインド洋を越え、アフリカ南端を回って一五二二年に帰還した。リーダーのマゼランが途中で没したのちにも航海を続けた船団の一行は、みずから自身ではじめて球体である地球を実感したことになった。ほぼ同時期から、スペインはアメリカ大陸への進出を本格的に追求しはじめる。

スペインのアメリカ進出は、ポルトガルのアジア進出と同様の性格と、また異なる側面とを、同時にあわせもっていた。東方の富にひきつけられたという動機、レコンキスタを継続する形での海外へのキリスト教世界の拡大、すなわちカトリックの布教伝道、はじめから武力を背景とした軍事行動をともなう進出、これらは共通する性格といってよい。しかしアメリカには、アジアに匹敵するような交易は存在していなかった。スペインによる進出は、はじめは貴金属や財宝をねらう略奪経済の特徴を示した。しかしもちろん、略奪経済では支配は長続きできない。アメリカをヌエバ・エスパーニャ、すなわち「新スペイン」と名づけたスペインによる支配は、じきに植民地経営の形を明確にするようになる点で、ポルトガルのアジア進出とは明確に異なっている。

アメリカにはエルドラド、黄金郷がある、という幻想は、大いなる魔力を発揮したとみられている。はじめにコルテスが、メキシコの地にあったアステカ帝国を攻略して財宝の略奪に成功すると、一五三三年にはピサロがこれにならってインカ帝国を征服した。つぎつぎと大西洋を渡ったコンキスタドール（征服者）たちにしてみれば命がけの一大冒険であったが、攻撃されたほうはたまったものではない。

こうした征服略奪の一方で、当初のアメリカ支配にはエンコミエンダ（委託）制がとられた。これは、征服者たちに現地住民のキリスト教化の使命を託して、その代わり現地支配をゆだねるという方式であった。しかし実態においては、現地住民は農場や鉱山開発のために酷使され、ヨーロッパから入ってきたさまざまな病気の広まりもあって、人口が激減していったとみられている。その結果、労働力の不足を補うために導入されたのが、アフリカの住民を買い付けてきて奴隷として使うという、醜悪でひどい方式であった。この大西洋を越える奴隷交易は、その後一九世紀に禁止されるまで、奴隷商人たちに巨大な富をもたらした。

一六世紀なかばに、現在のボリビアにあるポトシで良好な銀山が開発されるなど、アメリカで産出されるようになった大量の銀は、世界の交易に大きな影響力を発揮するようになる。アメリカ産の銀は、スペインへ直送されて、ヨーロッパ内で価格革命といわれる物価上昇の状況を引き起こした。しかし、それだけではなかった。ヨーロッパからさらに対アジア交易に用いられただけでなく、メキシコのアカプルコから搬出された銀が、太平洋を東から西へと横断してアジアに直接持ち込まれたのである。この銀が、東南アジアや中国の経済や政治に大きな影響を及ぼしたことは、いうまでもない。

一七世紀になると、スペイン植民地では鉱山開発だけでなく、大土地所有者による大農場経営がひろまってくる。多くの大農場（プランテーション）では、輸出用の商品作物が栽培された。労働したのは、あらかじめ負債を負って自由を拘束された債務労働者（ペオン）や、アフリカから連れてこられた奴隷たちであった。たとえば、はじめポルトガル植民地ブラジルで起こったサトウキビ栽培のプランテーションは、その後のヨーロッパにおける砂糖需要の拡大を受けて、カリブ諸島など他の植民地にも拡大していき、プランターや砂糖商人に巨大な富をもたらしたのである。代わりに疲弊したのは、酷使された労働者や奴隷であり、また地味の枯渇や森林乱伐が原因となった自然環境であった。

3 ヨーロッパ対外進出の不幸な船出

一五世紀から一六世紀にかけて、ポルトガルが先陣を切り、スペインがそのあとを追うように推進したヨーロッパからの対外進出の展開は、ヨーロッパ側からすれば「地理上の発見」といわれ、また日本ではしばらくまえから「大航海時代」というロマンに満ちた表現でいわれている。

しかしその後の世界史の展開を考えたとき、私には、この船出は相当に不幸なものであったといわざるをえないもののように思われる。奴隷売買のような、最悪の商業行為を大規模に発展させるものであっただけではない。軍事技術上の優位が、文明上の優位と勘違いされる状態が、すでにそこには内包されていたように思われる。自己中心的な、ひいてはヨーロッパ中心主義的な発想を、そこに指摘することは容易である。

たしかにポルトガル・スペイン両国の展開は、軍事侵略や略奪だけでなく、商業活動、農業開発、そしてキリスト教という文明の伝播を同時に含んでいるものであった。しかしそのいずれもが、相手側の事情や状況はほとんど斟酌しない、むしろしばしばそこに破壊をもたらして省みない、手前勝手な展開であったといわれても、反論はできないのではないか。もちろん歴史上、こうした自己中心的な対外関係を特徴とする動きは、なにもこの時代のヨーロッパに限ったことではない。したがって、ここで「不幸な」といった価値判断をともなう表現をあえて私がしているのは、ヨーロッパ攻撃をするためではないので、その点は誤解してもらっては困る。二〇世紀になって、かつての植民地支配のツケを払わざるをえなくなったヨーロッパ自身にとっても、これは不幸なことであった。そう、私は考えている。

表1-2 スペインの世界進出

1492年	コロンブスによる大西洋横断航海
1519-22	マゼランによる世界一周航海
1521	コルテス、アステカを滅ぼす
1533	ピサロ、インカを滅ぼす
1571	スペイン、フィリピンを支配下に

すでにみたように、この時代には、ヨーロッパから積極的に売りに出せるような商品価値のある産物は、まだほとんどなかった。あえていえば毛織物とか工芸品の類、毛皮、北方の木材とかであろうが、いずれも遠隔地交易で大量に扱われるには限界がある。したがって銀は、ヨーロッパの対外交易にとってはきわめて大きな比重を占めていたといってよい。この点でも、ヨーロッパによる南北アメリカ支配の歴史的意味は大きかった。

ポルトガルのリスボンについで、スペインのセビーリャが港町としてたいへんな活況を呈するようになる。こうして、ポルトガルやスペインが海外展開によって大きな経済的利益をあげているのを、ほかの近隣諸国が放置しておくわけがなかった。オランダ、イギリス、フランスが、こうした動きに参入を開始するようになるのに時間はかからなかった。

現代の価値基準からすれば、とうてい容認できないことであるが、当初においては、貴金属や財宝を積んだスペイン船を襲撃して略奪する、といった、のちからすれば海賊行為としかいえない活動も含まれ、それが国家権力によって事後的に承認されただけでなく、賞賛されることすらあった。しかしヨーロッパ内での主権国家体制が確立していくに応じて、世界的な経済覇権をめぐる争いは、国家間抗争として展開するようになっていく。

もう一点最後に指摘しておくとすれば、こうしたヨーロッパ諸国の展開を支えていた技術面での進歩が見逃せない。航海術や操船術、そもそもの造船における大型帆船の建造技術、そして武装のための大砲などの製造技術。大航海を展開したのは、まさに武装商船団であった。航海術には、羅針盤の操作や天体観測技術の進歩がともなっていた。望遠鏡などの観測道具や正確な機械時計の開発、海図や地図の作成技術、それをある程度量産するための印刷術や製紙技術、こういった技術のうちの少なからぬものが、アジアから伝わったものであったが、ヨーロッパの各地で磨きをかけられたのである。技術面での進歩は、それと歩調をともにする学術面での進歩とともに、われわれが中心としてとりあげる一八世紀、一九世紀のヨーロッパにとって、世界のほかの地域にたいする大きなアドバンテージとなるものなのである。

2　世界交易における覇権争い

ポルトガルとスペインの海外進出は、その本国における拠点がリスボンとセビーリャであったから、ヨーロッパにおける遠隔地交易の中心を地中海から大西洋寄りへとシフトさせることになった。ヨーロッパ内において、やはり早くから漁業などをはじめとして、船を操る技術において優れていた地域はあった。現在のベルギーからオランダにかけての一帯は、海抜すれすれの地域ということから低地地帯（ロウ・カントリーズ）と呼ばれるが、そこもまたそうであった。

現在のベルギーに位置するアントワープ（アントウェルペン）という港町は、一六世紀後半にはたいへんな活況を呈するようになっていた。ところが、この時代にはスペインの支配下にあった低地地帯の一部で、独立戦争が開始された。一五八一年にはオランダ（ネーデルラント）が独立宣言を発し、これをつぶそうとするスペインとのあいだで戦争がはじまり、オランダには、羊毛取引で深い関係にあるイギリスが、カトリックのスペインにたいしてはおなじプロテスタント系である、ということもあって、支持をあたえていた。

こういう宗教改革がらみの、いささかややこしい国際関係のなかで、オランダは結局独立を達成する。独立戦争にともなう破壊で打撃を受けたアントワープに代わって、新生オランダの首都アムステルダムが、経済の中心として浮上してくることになる。アムステルダムもまた、はりめぐらされた運河が都市としての空間を形づくる港町であった。

一七世紀にはオランダとイギリスが、ついでこれらにフランスが加わって、交易と植民地支配をめぐる覇権抗争が、ときには直接的な戦闘をまじえて本格的にはじまる。一八世紀には、この抗争はイギリスとフランスの対立を基軸とするようになり、これをイギリスが優勢のうちに勝ち抜いたことが、一九世紀における大英帝国の圧倒的優位をみちびくのである。

1　東インド会社設立とオランダのアジア進出

一六世紀末から一七世紀にかけてのオランダは、人口わずかに二〇〇万人程度の小国であったが、早くから漁業がさかえ、造船術や航海術にもすぐれた力を蓄積していた。ポルトガルがリスボンに運んできた胡椒などのアジア産品を買い付けて、ヨーロッパ内で転売する商業にも、さかんにかかわっていた。このオランダが、スペインからの独立の勢いに乗って、アジアとの交易そのものに乗り出していくことになる。

そのためにオランダの商人たちは、たがいに出資しあって東インド会社を設立した。一種の株式会社の先駆形態であったといってもよい。イギリスの東インド会社設立に遅れること二年、一六〇二年のことである。

ただし、設立や営業の自由を前提とした近代市場における会社組織とはちがって、東インド会社は、国家によって承認された特権会社であった。すなわち、国家間の熾烈な経済覇権抗争に勝利するように使命をあたえられ、その代わり、ないしはそのために、対外経済活動における独占的な位置を享受した会社であった。交易の独占ばかりでなく、ポルトガル以来そうであったように、会社の商船はまた武装の権利をあたえられ、独自の判断で交戦し、また出先の交渉相手と条約を締結する権利も認められていたのである。

アンボイナ島（上）とバンダ諸島のネイラ島・アピ火山（下）（1655年頃／イギリス国立海事博物館蔵）より古いオランダの銅版画の複製

特権をあたえられたオランダ東インド会社は、一七世紀のはじめには、アジアにおいてポルトガルがもっていた権益の大部分を切り崩すことに成功する。ジャワ島のバンテン王国から一六一九年、オランダはバタヴィア（現ジャカルタ）の地を借り受け、その港を拠点として、モルッカ諸島を制圧して香料・香辛料の交易に本格的に参入する。オランダは、おなじように勢力の拡張を図っていたイギリス商人の動きを、一六二三年にはモルッカ諸島のアンボイナにおいて武力でもって排除した。これがアンボイナ事件といわれるものである。

武装勢力としてのオランダ東インド会社の勢いがうかがえる事件であるが、結果としてイギリスは、東南アジアにおける香辛料交易はあきらめて、おもな関心の対象をインドへと移すことになる。これはイギリスにとってはかえって、一八世紀以降のインド支配への展開を考えると、大きな意味をもつ転機になった。

オランダは、ポルトガルが利を占めていたヨーロッパ向け胡椒交易を本格的に支配して利をあげることになるが、他方では、一時台湾にも拠点を築いて、アジア域内での仲介貿易にも力を入れたのであった。鎖国時代に日本の長崎で出島貿易に携わることになったのは、このような脈絡においてであった。

ところが、「大交易時代」といわれるアジア域内の活発な商業活動にも、陰りがみえてくる。一つには、一七世紀後半にもなってくると、日本では鎖国体制によって、貿易や情報流通の管理体制が国家の手によって強化されてくるわけであるが、アジアの大国である中国においても、清朝による統制強化がすすめられた。こうした動きは、収縮期に入っていた国際経済をいっそう抑制する方向に作用したとみられる。

もう一つ、とくにオランダにとって大きかったのは、ヨーロッパにおける胡椒価格が暴落したことである。過剰供給が原因である。こうした局面に加えて、インドに軸を移していたイギリスが、オランダの制海権を本格的に脅かすようになりはじめ、フランスもまたインドへの関心を高めて、アジア進出を本格的にねらうようになってくる。

一七世紀後半には、オランダはイギリスと三次にわたる戦争をくりかえし、その結果、アメリカにおける権益をほとんどイギリスに譲り渡すことになった。オランダはまた、南部フランドルをねらうフランスからも、戦争を仕掛けられた。

こうした覇権抗争における多極化のなかでオランダは、仲介貿易から完全に撤退してしまうわけではないが、一八世紀には一種の路線転換を図ることになる。東南アジア支配の拠点を置いていたジャワ島を中心にして、本格的な植民地経営の方式へと向かうことになるのである。一九世紀にもなると、ところによっては水田がつぶされて、より収益のあがる砂糖生産を目的にサトウキビ畑へと転換させられた。こうしてサトウキビ・プランテーションやコーヒー・プランテーションが、本格的に大規模経営されるようになるのである。

本節の最後で、いま一度ヨーロッパ内に戻って、遠隔地交易ネットワークとその中心都市の移動について確認しておこう。中世においては、地中海を中心として北海・バルト海などとの関係、そして東地中海や黒海からアジアへと交易ネットワークが広がっていたのであったが、アフリカ南端経由のインド洋航海ルートと大西洋横断のアメリカルートの形成によって、中心がリスボンやセビーリャに移り、さらにオランダのアムステルダムへと展開し、ヨーロッパにとっての大西洋側の重要性が上昇したことである。これは、西ヨーロッパの決定的な浮上を意味した。

そして、奴隷供給地のアフリカを含んだいわゆる「大西洋三角貿易」と、アジアとヨーロッパとの交易ネットワークとが接合することで、一八世紀には、世界の経済的な結びつきは地球規模へ向かう歩みを、決定的に速めだすのである。

2　イギリス・フランスの大西洋海域への進出

オランダ・イギリス・フランスは、一七世紀になると、スペイン支配の範囲外であったカリブの島々や、北アメリカに、きそって進出を図るようになった。ここでは、スペインの先例と同様に、いずれも植民地経営がはじめからのねらいであった。

アジアでは、はじめオランダがイギリスを抑えるかたちになったが、ここでは形勢は逆であった。すでに簡単にふれたように、オランダを抑えて主導権を握ったのは、イギリスのほうである。

イギリスのオランダにたいする牽制は、まず航海法の制定というかたちで開始された。一六五一年、クロムウェル政権のもとで制定されたものが最初である。その内容は、ようするにイギリスが輸出入する商品を運ぶことができるのは、イギリスの船舶か商品の産出国の船舶に限定される、というものである。あきらかに、仲介貿易や海運で利をあげていたオランダをたたき落とそうとするねらいであった。じっさいバルト海沿岸からイギリスに商品を運んでいたオランダの船は、大きな打撃を受けることになった。そこで、オランダはイギリスと三次にわたって海戦を演じることになるのであるが、結果は、海軍力で勝るようになっていたイギリスの勝利であった。

この時期から、海外交易において自国を優先的に保護して、経済覇権抗争に敗れないようにしようとする政策がとられるようになりはじめる。航海法のような海運をめぐる保護規制もあれば、高関税などで自国の産業を保護して、優先的に輸出産業を育成しようとするような政策もあった。これらの政策は、やがて一九世紀から振り返って重商主義政策と呼ばれるようになるものである。

オランダにたいするイギリスの攻撃は、北アメリカで生じた。ハドソン川河口、いまのマンハッタン島の先端にオランダが築いていた砦の町ニューアムステルダムを、イギリスは武力で奪取したのである。すでにここに拠点を置いて活動しはじめていたオランダ商人たちは、むだな抵抗をやめて実利を取ったようである。ニューアムステルダムはイギリス領となり、ニューヨークと改名された。一六六四年のことである。現在ではニューヨークのウォール街は、世界の金融の中心となっているが、その名前はオランダ時代の砦の壁(ウォール)がそこにあったことに由来している。

イギリスは、北アメリカの東海岸において、このニューヨークからさらに北にマサチューセッツにかけて、南はヴァージニアを経てジョージアにいたるまで、一三の植民地を建設していった。

これにたいしてフランスは、一七世紀のアンリ四世(在位一五八九―一六一〇)の時代に、現在のカナダのセントローレンス川の河口に位置するケベックに拠点を設けると、ついでルイ一三世(在位一六一〇―四三)、一四世(在位一六四三―一七一五)の時代には五大湖方面へと植民地を広げていった。ヌーヴェル・フランス(新フランス)の形成である。さらにミシシッピ川に沿って南下したフランスは、この一帯をルイジアナ、すなわち国王ルイの地、と呼んだのである。

イギリス、フランスの展開は、ときに先住民から土地を買い取り、あるいは抵抗する先住民を武力で排除して進められたものであった。当初においては、住み分けがなされているようにみえたイギリスとフランスの北アメリカ進出は、一八世紀になると直接的な戦闘につながっていった。

他方また、イギリスもフランスも、カリブ海のアンティル諸島などに支配領域を広げていった。これらの地では、イギリスもフランスも、おりから重要な輸出産物となってきた砂糖を生産するために、大規模なサトウキビ・プランテーションを開発していった。第1章ですでに述べたように、ここでも労働力は、債務労働者とアフリカから買い付けられてきた奴隷によって供給されていた。サトウキビへのモノカルチャー化は、土地の地味を食って土壌を枯渇させ、また製糖用の燃料のために周辺の森林を乱伐したため、ひどい環境破壊がもたらされることになる。

たしかにひどい状況のなかでなお、多様な文化の出会いがカリブ海域世界独自の文化の形成にもつながっていくが、しかし他方では、人間の破壊と環境の破壊という二重の問題を引き起こし、現代にまでつながるこの地域の貧困の淵源をも作ってしまったのである。奴隷取引によるアフリカ社会の破壊とならんで、ヨーロッパ近代諸国家がその後の世界史にもたらした最大級の汚点である、といってもよいであろう。

3 イギリスとフランスによる覇権抗争

一七世紀末から一八世紀になると、国際的な経済覇権をめぐる争いの中核は、イギリスとフランスのあいだにシフトする。じつはもともとイギリスとフランスは、隣国で近い関係にありながら遠い国であった。中世末のいわゆる「百年戦争」以来、両国の対立はヨーロッパ政治における重要な対抗軸の一つであり続けた。この時期に、その対立の重要な焦点となったのは、アジアではインドへの介入をめぐる、北アメリカでは植民地展開をめぐる、主導権争いであった。

インドの綿織物は、もともとアジアの域内交易において重要な産品であったが、アジアとヨーロッパの交易と、大西洋交易とが接合するようになって、いよいよその国際商品としての価値は高まった。ヨーロッパでは、商品となるような綿織物はまだ生産できなかった。というより、インドの綿織物こそが、イギリスに産業革命への欲望を促したといってよいかもしれない。

イギリス東インド会社はボンベイ・マドラス・カルカッタを拠点に、インドへの介入の強化を追求していた。フランス東インド会社は、ポンディシェリやシャンデルナゴルを拠点にしていた。両国とも、商業利益の追求から一歩ふみだして、国際商品となった綿織物の生産地を掌握し、生産・商品輸送・販売を全体として支配下に置こうとする方向をみせはじめていた。しかし一八世紀の段階では、まだそれを現実化する力はなかった。

一八世紀に生じたヨーロッパ内での戦争には、きまってインド、北アメリカにおける、イギリス・フランス両国間の戦争がともなわれた。これらは、イギリス側からの呼び名として、スペイン継承戦争（一七〇一―一三）にはアン女王戦争（一七〇二―一三）、オーストリア継承戦争（一七四〇―四八）にはジョージ王戦争（一七四四―四八）、そして七年戦争（一七五六―六三）にはフレンチ・インディアン戦争（一七五五―六三）という名前が付けられている。植民地におけるこれらの戦争で、いずれもイギリスがフランスを破ったことが、このあと大英帝国が地球規模において経済的支配の位置を占めるうえで、決定的に大きな意味をもったのである。

ロンドンの東インド会社（T. H. シェパード画、1817年／イギリス国立海事博物館蔵） レドンホール・ストリートにあったイギリス東インド会社の本拠地。貿易独占権と武力を背景に発展した東インド会社も、この頃には自由貿易を求める勢力に押されて後退、インド大反乱後の1858年、インドの統治権をヴィクトリア女王に返上して解散した。

インドでは、七年戦争のさいの植民地戦争で、イギリス東インド会社の軍がイギリス国軍の支援を受けて、フランスとベンガル太守の連合軍に勝利した。その結果、イギリスはベンガル地方における支配圏を確保した。これが、やがてインド全域をイギリスの帝国支配のもとに組み込んでいくうえで、大きな転機になったのである。

北アメリカでも同様に、イギリスは七年戦争に決着をつけたパリ条約で、フランスからカナダ全域とミシシッピ川より東側の地域を確保し、スペインからはフロリダを獲得したのであった。北アメリカ東海岸におけるイギリスの支配権は、ここに確立したかにみえた。

こうしてイギリスは、世界経済において決定的に有利な位置を占めはじめる。他方フランスは、宿敵イギリスにたいして強い敵愾心をいだき続ける。北アメリカのイギリス植民地が独立戦争をはじめたとき、王政のフランスは、反旗をひるがえした植民地側の独立を支持した。フランス王政がなぜ支持したのかは、この対イギリス政策を抜きにしては考えられない。また一九世紀はじめにナポレオン（一七六九―一八二一）が出した大陸封鎖の指令は、イギリスにたいするヨーロッパ全域の経済ブロック化を追求するものとなる。

アメリカ合衆国独立については、第6章でとりあげることになる。独立によって政治的には、アメリカ合衆国はイギリスとは別個の国家になる。そしてその後も、しばしば両者の利害は対立するのであるが、しかしイギリスがアメリカに残した遺産には無視しがたいものがあった。独立の時点で、すでにほぼ二〇〇年近くにわたって、本国から多くの人びとが植民することによって成立していた社会は、言語の共有をはじめとして、一種の文明の共有を実現していた、と考えられるからである。これが、二〇世紀にいたるアングロアメリカの絆の強さの遠因をなしている、といえるのではなかろうか。

3　一八世紀における社会経済と政治

はじめの二章では、ポルトガルとスペインを先頭にしてヨーロッパ諸国が、地球世界の各地に進出しはじめた数世紀の状況をみてみた。アジアの交易圏にたいする本格的な参入を追求し、南北アメリカにおいては植民活動を展開すると同時に、現地の住民にたいする植民地支配を強化していった。一八世紀末になるとイギリスは、はじめのうち、独立したアメリカにかわる流刑地としてではあったが、オーストラリアへの植民活動も本格的に展開するようになる。

イギリスが経済的に優位に立ったのは、ただフランスとの植民地戦争に勝利したといった軍事上の理由によるのみではない。産業革命といわれるようになる経済の仕組の根本的な転換は、はたして起こっていたのかという疑義がだされるようになってはいるが、やはりいま一つの大きな要因であった。機械制工場による大規模生産の他国に先駆けての実現は、まちがいなくイギリスに、経済生産における圧倒的優位を用意したからである。こうした展開が可能になった一つの前提条件として、イギリスにおいては一八世紀には、立憲王政のシステムにもとづいた二大政党による政治的安定がもたらされていた、という点も見逃せないであろう。

では、こうした時代において、ヨーロッパ内部において、どのような社会や経済の展開がみられたのであろうか。また、政治については、どのようなあらたな展開が生じていたのであろうか。

一七世紀から一八世紀にかけて、経済発展において一歩先んじていたイギリスやフランスでは、一八世紀以降にもなると、政治体制が立憲王政か啓蒙専制かのちがいはあれ、社会経済全体の近代化への胎動があきらかになってきていた。しかし、経済的には古い型の農業経営に依拠していたプロイセンやオーストリア、ロシアなどでは、啓蒙専制による上からの近代化の模索は、フランスが困難に直面した以上に、きわめてむずかしい状況に直面せざるをえなかった。この章では、それらの要点をかいつまんでみておくことにしよう。

1　北西ヨーロッパにおける経済成長の開始

はじめに経済面で指摘しておくべきなのは、一七世紀が全般的に収縮期で景況がよくなかったのにたいして、一八世紀からは、まず北西ヨーロッパを中心にして、経済の成長がきわめてゆっくりとではあれ、開始されたという点である。経済成長とはいっても、二〇世紀後半の高度成長のようなものとは比較にならないほどの低成長ではあったが、それでも長期的にみれば安定的で持続的な成長局面がはじまった、と経済史ではみなされている。以下、その要点を三点に絞って整理しておこう。

第一に、イギリス、オランダ、フランスといった北西ヨーロッパでは、食糧事情の好転が明瞭となり、それまでは頻発してきた食糧危機、あるいは飢饉という危機からの脱出が現実になった、という点である。これはいうまでもなく、その時代を生きる人びとにとってもっとも基本的な社会経済上の条件の整備である。

こうした食糧事情の好転を準備したのは、いくつかの事情が重なってのことであった。まずは農法などの技術改良を指摘しなければならない。マメ科植物の導入によって根瘤バクテリアの作用で地味改善が進められ、畜産と耕作との併用による休閑地の排除や、あるいは各種農具の改良の実現、家畜の品種改良も前進した。干拓や排水事業の推進による耕作地や牧草地の拡大も進んだ。

こうした展開のなかで、ジャガイモ栽培など新作物の導入も本格化したが、穀物収穫率も、それまでにはない上昇をみせはじめる。じつは西アジア原産の小麦は、高緯度にあって比較的冷涼なヨーロッパにとっては、主食でありながらその栽培条件は決してよくなかった。推定されている収穫率は、中世における改善以来せいぜい高くても、一粒あたり六から七であったとみなされている。それが先進地域では一八世紀から、まず一〇を超えるくらいに向けて改善しはじめたのである。穀物収穫率の推定は、専門家のあいだで再検証の動きもあるので、近い将来には数字に変更が生じるかもしれないが、一八世紀から好転しはじめた事実は変わらない。

家禽類や家畜の肥育をおこない、穀物についても大規模に市場向け生産にはげむ大農場経営が、先進地帯では姿を現わしてくる。範囲の狭い局地的な市場だけでなく、ヨーロッパ内の広域についても、穀物交易が隆盛してきた。それに応じて、市場向け農業生産がいっそう推進されることになる。

西ヨーロッパでは資本主義的な大規模農業の経営が組織化の緒につき、重農主義者たちは、それこそが経済社会における近代化の要になる、と主張した。一方、東ヨーロッパでは、地主・領主たちのもとでの半強制的な労役による大規模生産が進められ、生産された穀物はもっぱら輸出に向けられたのであった。

いずれにしても、これらの動きが複合することによって、まず北西ヨーロッパ一帯から食糧事情の好転が実現したのである。

つぎに第二点目である。これは、食糧事情の好転とも関連して、人口の継続的な増加の局面が一八世紀にはじまった、ということである。くわしくは第5章において再論するが、人口学上の旧制度ないし旧体制が終了した、ということである。

人口学上の旧体制とは、人口が増えてくると、不作がらみの飢饉や食糧難が起こり、栄養失調のために病気が流行して死亡率が急増し、人口の増加が抑制されるだけでなく、減少すら一時的に生じて、総人口の伸びがつねに抑えられている状態のことを意味する。別の表現をすれば、多産多死型の社会であって、飢饉、疫病、戦争の三要因がからみあいながら、人口の増加を抑えてしまっている状態、ということである。

そうした状態から脱して、人口の継続的な増加局面がはじまったのには、ある流行病の消滅が大きかった。すなわち、人口の一時的激減の一因でもあったペストが、西ヨーロッパでは一七世紀末から一八世紀前半にかけて、ところによる若干の時差はあるが姿を消してくれたのである。このペストは、ヨーロッパの全人口の三分の一を死亡させたと推定されている一四世紀なかばの大流行、黒死病として恐れられた爆発的流行ののちにも、間欠的に流行しては各地に多くの被害をもたらしていたのであった。それが、なぜかこの時期に消滅してくれた。姿を消したその真の原因は、いまでも不明である。ペスト菌が発見されるのは一九世紀末のことであって、対処法も予防法も、有効なものはまだないうちの消滅であった。

こうして増加しはじめた人口は、一八世紀に本格化してくる都市の発展と就業機会の増加という社会的条件とも、よく見合うものであった。見方を変えれば、生み出されてくる余剰人口は、あらたに起こってくる機械制の工業を支える労働力を提供するものとなったのである。

こうして第三には、新しい産業の発展という現象があった。工業化や産業革命の問題については、第8章であらためて検討するので、ここでは、やはり簡単に要点のみを整理しておこう。商業においても手工業においても、中世以来、ギルドなどといわれる同業組合や同職団体に加入していないものには活動の余地がなかったものが、ここにきてその規制力が衰退し、能力さえあれば誰でもが職業活動ができるようになった。ギルドの解体はイギリスでもっとも早くに展開した、といわれているが、フランスなどでも一八世紀には、この過程はまちがいなく進行していた。

また他方で、ヨーロッパ外への経済活動の膨張という現実を受けて、はじめから遠隔地交易を前提にした生産がおこなわれるようになった。それは穀物だけでなく、手工業でも起こってくる。依然としてギルドの規制力があるところではそれを避けるために、また農村に余剰労働力があるところではそれを活用するために、都市の問屋が農村部に仕事を発注して原料や機具を貸し付け、完成した生産物を回収するという方式である。こうして、亜麻織物などの、あまり高度な質は求められない繊維製品が生産されたのであった。生産された製品は、発注した問屋の手によって貿易商に売りさばかれ、遠隔地への交易に向けて輸出されていく。現実の過程は、地域の実情に相応して多様であったが、こうした生産活動の展開を、本格的な工場における工業生産の前段階として、現在の歴史学ではプロト工業化と呼んだりしている。

一八世紀後半になると、イギリスでは他に先駆けて機械制工場も出現してくることになる。産業革命の開始である。最近では、産業革命ははたして起こったのか、という疑義が多く出されているが、産業革命否定論については第8章で検討する。

いずれにしても、動力を用いた機械制の工場における生産システムが姿を現わすには、動力を正確に伝える仕組や、正確に作動する機械そのものが数多く生産されるようにならなければならない。そのためには、ユニットとしての部品が正確に同質のものとして作られ、それらが集積されて全体として組み立てられるアセンブリという、いまではあたりまえになっている工程が、しっかりクリアされなければできない。このユニットとアセンブリという工程を、正確な分業にもとづいてシステムにする、という経験は、じつは正確な機械時計生産の手仕事の現場で、積み重ねられていたものであった。アメリカの歴史家ランデスなどは、時計産業こそが産業革命を用意した、と評価している。

2　イギリスにおける立憲王政の安定化

以上のような経済社会面での変化が北西ヨーロッパ内で生じていた時代に、では政治面での変化については、いかなるものであったのか。この時代において、他の諸国とはちがった状況をみせていたのはイギリスであった。まず、イギリスについてみておこう。

経済社会の変動が起こりつつあった一八世紀に、そしてまた国際的な経済覇権をめぐる激しい抗争が展開するようになっていた一八世紀に、国内政治が相対的にもっとも安定していたのがイギリスであった。すでに一七世紀に大きな政治的激動を経験したイギリスは、それによっていち早く立憲王政という安定的な政治体制を手にしていたからである。

一七世紀の一連の政治的激動は、イギリス革命と総称されている。はじめに「ピューリタン革命」（一六四二―四九）といわれる激動が生じた。イギリスでは、ヘンリ八世（在位一五〇九―四七）の時代に、国王の離婚問題をきっかけとしてローマ法王庁との衝突があり、イギリス独自の国教会が成立していた。国教会組織の頂点に位置するのは、首長としての国王その人である。したがって新旧両キリスト教の対立にあっては、イギリスは新教側、すなわちプロテスタント側にあるのではあったが、そのカトリック（英語ではカソリック）教会からの離脱の経緯からしても、さらに批判的なプロテスタントからすれば、生ぬるいものとみえた。ピューリタンといわれる一派は、まさにその批判派であった。

このピューリタン革命にさいして、イギリス史上では他に例がないのであるが、国王が処刑され、共和政体がとられた。しかしこの体制も、指導者のクロムウェルの死後、持続することはできなかった。共和政は一時的なものに終わり、王政が復古する。しかし復古した王政は、端的にいって国王たちの無能によってふたたび混乱した。そうしたなかで生じた政変が、無血革命であったので名誉革命といわれるものである。一六八八年、みずからはカトリックであった国王ジェームズ二世は、カトリックの国フランスへと亡命した。

一七世紀のイギリスにおける政治的な激動は、議会内の国王派と議会派との対立、結果としての議会派の勝利、という大筋の展開となった。それが、立憲王政というシステムの安定に向かう基盤となったのだというところを、押さえておきたい。かつていわれていたように、国王派は貴族を中心にした旧来の支配層で、勝利した議会派が台頭する市民層からなっていた、という市民革命論は、現在では実証的にも否定されている。両派ともに、その構成員の社会経済的な階層という点では、なんら変わるところはなかった。

イギリス本国では、イギリス革命全体の見直し論、その極端なものは革命否定論であるが、そうした主張は修正主義といわれている。修正主義の歴史家たちが明らかにしてきたように、この政治的変動には、さまざまな面をもった地域的な対立が、宗教的な対立や王政による絶対王政への志向をめぐる対立、課税をめぐる対立などとならんで、大きな要素をなしていた。そこには、ロンドンという中央にたいする地方社会の政治、という面もあれば、イングランド対スコットランドといった大きな対立要素も関係していた。

ここまで、とくにことわらずにイギリスという日本独特の慣用表現を使用してきた。しかし厳密にいうと、イギリスという国家は存在しない。ここまでは、イングランドという王権国家が存在してきたのであり、スコットランドは、かつてはまったく別の王権国家であったのが、一六〇三年以来、おなじ国王が両国の主権をになう同君連合国家という形式になっていたのである。それでも宗教は、イギリス国教会が確立したのちにも、スコットランドは独自の長老派教会を維持していた。このイングランドとスコットランドは、一七〇七年、同君連合ではなしに、イングランド主導下に合併することになる。そうしてグレイト・ブリテン王国が成立するのである。ウェールズはすでにイングランドに併合されていたので、ここにブリテン島全体が、一つの王権のもとに政治的統一体を形成したことになった。残されるのは、植民地的支配の対象となっていたアイルランドであるが、これは一八〇〇年の合同法にもとづいて翌年に合併がなされ、正式にはグレイト・ブリテンとアイルランド連合王国（United Kingdom）となり、この国号がほぼそのままで現在にいたる。しかし一九世紀以降も、アイルランドの自治や独立をめぐる問題は、イギリスにとっての困難な問題でありつづける。

現在でも、サッカーやラグビーの国別対抗戦において、イングランド、ウェールズ、スコットランドが、アイルランドと並んで別々のチームを組んでいるのは、かつては別々の王国で、歴史的な背景も異なっているからなのである。しかしここでは、いちいち煩瑣になるのを避けて、この先においてもイギリス、あるいは大英帝国、という表現を慣用にならって使用していくことにする。

こうして一七世紀の激動を乗りこえたイギリスでは、国王は統治者として君臨しているのではあるが、議会における審議決定が基本的な重要性と政治的意味をもつという体制が成立していくことになる。ヨーロッパのほかの国々では、王権の強化と一体になって発展してきた近代主権国家の形成が、イギリスでは、立憲王政の確立というかたちに安定したのである。

その原則を確認したのが、一六八九年の『権利の章典』であった。国王が統治者であることは変わらないが、恣意的な政治をおこなうことは排除され、議会に代表される国民の意思に反した統治者は排除される。議会が政治意思の実質的な決定主体として、大きな位置を占めることになったのである。この一連の過程で、二大政党体制も確立していった。国王派の流れをくんだのがトーリ党(のちの保守党)であり、議会派の流れをくんだのがホイッグ党(のちの自由党)であった。

しかし、二大政党による議会政治体制がいちはやく実質化するには、偶然的な要素もかかわっていた。一七一四年にアン女王(在位一七〇二―一四)が他界すると、直系の跡継ぎがいなかったために、ドイツの名門貴族ハノーファー家のゲオルクが王位を継承することになった。ゲオルクは国王ジョージ一世(在位一七一四―二七)として即位し、イギリスのハノーヴァー朝がはじまる。かれはジェームズ一世(在位一六〇三―二五)の曾孫にあたる存在であったが、もともとドイツの人で英語も解さず、ドイツにいることも多かった。いわば不在の国王といった感の強いあいだに、国政を文字どおり担当することになったのが内閣であり、その初代首相についたのは、ホイッグ党のリーダーであったウォルポールである。内閣は、国王にたいしてではなく、議会にたいして政治的な責任を負う。こうして、偶然的な要素もあったにせよ、責任内閣制が実質的に確立していったのである。イギリスにしても、スコットランドの内部には依然として合併をイングランドにたいする従属と見なして反対する勢力は存在していたし、おりからの商業の活性化やエンクロージャー（囲い込み）にともなう余剰人口の都市への流入などが、社会的な問題を引き起こしていたことはたしかである。しかし、政治的な安定が立憲体制として実現していったことは、経済的に世界で大きく展開するための、内部の憂いをなくす、重要な基盤を形成したといってよいであろう。

イギリスの政治と社会秩序の安定のうえで重要であったのは、封建制以来の貴族にとってかわるジェントリーといわれる社会階層が、支配階層として台頭していた点である。ジェントリー層の定義はなかなか困難であるが、その内部の上流は境界線が貴族とさしたる区別がないくらい地位が高く、下は中規模の商人や農場の経営者も含まれる、社会経済的にはきわめて幅の広い階層であった。しかしいずれもが、それぞれの置かれた場所で周囲からの敬意をあつめ、社会から尊敬の目で見られるような行動規範をもっている、そういう存在であった。これが安定的な支配階層として、あらたな社会秩序をリードしていくのである。

3　一八世紀の啓蒙専制政治

もちろん、イギリス以外の国においても、安定的な経済発展の基盤が求められていた。たんに軍事力で相手を凌駕するだけでなく、経済的に有力になることが、とりもなおさず国際政治のうえでも力をもつことになるのだ、という点を、各国の支配層は理解しはじめていた。一八世紀にはヨーロッパの主要な国々で、上からの一定の近代化が模索されるようになった。対外的な位置取りをよくするためにも、国内における経済基盤の整備が重要である点を、支配層もすでに認識しはじめていたのである。

オランダは、スペインから勝ち取った独立以来、商業にたずさわる有力者たちが政治的な支配階層を形成していた。その点で、一七世紀から一八世紀にかけて政治と社会における秩序の変化を経験したイギリスとならんで、例外的な位置を占めていた。

ほかのヨーロッパの主要国においては、旧来の特権階層や特権をもった集団の力が、なかなか弱くなってはいなかった。しかし、変化は要請されていた。一言でいえば、近代化をいかにはたすか、という要請である。

国内的な経済基盤の整備のうちでも、たとえば交通網の整備発展による、人の移動やものの流通の改善、これは幹線道路の整備や運河の開削というかたちで進められていった。

いくら農業が発展しても、流通が確保されないことには、社会経済全体の発展にはつながらない。交通網の整備と同時に、国内産業の育成のための配慮、技術導入、労働市場と商品市場の双方の整備、これらが最低限のこととして求められていた。しかし多くの場合には、既存の特権集団は、みずからの権利が侵害されることにたいしては神経質に反発した。

下からの構造変化の動きが十分でない、あるいは迅速には展開しそうにない多くの国で、近代化へ向けての政治的な動きが上部から推進された。これは、既存の王権にもとづいた政治体制自体は変更することなく、社会経済の動きをあらたにしようとするもので、ふつう啓蒙専制政治といわれる。一八世紀のヨーロッパは、イギリスやオランダの例外を除いて、政治的には啓蒙専制の時代、あるいは啓蒙王政の時代となっていく。

しかしこの啓蒙専制は、その前提からして無理があったといわなければならない。身分制的な特権の階層秩序を崩さないままで、近代化を上から展開することには無理がある。現にいずれも、中途半端な展開に終わるのである。経済的には発展しつつあったフランスの場合などでは、事態は予期しなかった方向へ、すなわち政治体制そのものの革命的な変化へと進展してしまう。

ヨーロッパの大国フランスの場合、一七世紀以来のいわゆる絶対王政の仕組は変更されることがなかった。しかし、絶対的と形容されても、国王は決して思うがまま政治がおこなえたわけではない。絶対王政というのは、むしろ王政の希望、あるいは宣伝ともいうべき表現であった。王政は、現実には、歴史的に形成されてきたさまざまな社会集団に、それぞれの秩序段階に応じた一定の自律性を認め、その集団の内部的な管理能力に依拠して、円滑な統治となるような仕組を構成していたのであった。そういう意味では、多様な特権の網の目をはりめぐらすような運営をしていたといってよい。したがって、自分たちの権利を承認されてきた人びとにとっては、それを特権の廃止とか規制緩和という触れ込みで否定されるのは、歴史的に獲得した権利の否定と映ったのである。

王政からすれば、経済基盤の整備は、道路や運河の整備だけでなく、市場の自由化という点でも実現すべきことと思われた。しかしそれは、既存の仕組の中核をなしてきた人びとからは、権利の侵害として否定された。それを押し切るだけの政治的イニシャティヴを国王は発揮できなかった。こうして既存の体制は、むしろ既存体制側からの改革模索によって呼び起こされた危機によって、揺るがされることになるのである。フランス革命については、第6章で検討することにしよう。

あきらかにフランス王政を意識していたのは、新興国家プロイセンの場合である。ロココ様式で有名なサンスーシ宮殿を、ヴェルサイユ宮殿の向こうを張ってベルリン郊外ポツダムに建設させたフリードリヒ二世、一七四〇年から八六年までの長きにわたってプロイセン王位にあったフリードリヒ大王は、若いころには啓蒙思想に入れあげ、父親の先代国王から一時死刑宣告すら受けた人であった。

フリードリヒは国王になると、みずからの手で近代化路線を強力に推進しようとした。新興国家プロイセンが、強国フランスなどを相手にして対等に伍していくには、富国強兵路線をとるにしくはない。フリードリヒはそう考えた。徴兵制を敷いて軍隊を安定的に強化し、七年戦争にも積極的に介入して領土拡大をねらう。他方かれはサンスーシ宮殿に、フランス啓蒙思想を代表するヴォルテール（一六九四―一七七八）を招聘して、国家社会がいかにあるべきかを論じあった。かれは教育制度にも関心を示し、また経済発展のために国内産業の振興を図った。

しかし現実にはプロイセンでは、ユンカーという地主貴族が半農奴的な賦役労働で穀物を輸出用に生産させる、という社会経済的な仕組が支配的であった。軍部や官僚も、ユンカー層が中心を占めていた。フリードリヒ大王の大きな構想にもとづく施策も、結局は十分に実らないうちに、プロイセンはフランス革命にともなう混乱へと巻き込まれていく。

新興のプロイセンと対抗関係にあった名門ハプスブルク家のオーストリアの場合には、マリア・テレジア（在位一七四〇―八〇）以下、やはり上からの近代化路線をさぐる動きが起こる。マリア・テレジアは父から神聖ローマ皇帝位を継ぐように指定されたのであったが、女性が皇帝位を継ぐことはありえないという口実を作って、ヨーロッパ諸国はこれに介入した。オーストリア継承戦争である。

結局マリア・テレジアはハプスブルク家の当主は継ぐが、神聖ローマ皇帝位は夫のフラ

フリードリヒ２世（アントン・グラフ画、1781年／シャルロッテンブルク宮蔵）

エカテリーナ２世（リチャード・ブロンプトン画、1782年／エルミタージュ美術館蔵）

マリア・テレジア（マルティン・ファン・マイテンス画、1759年／ウィーン美術アカデミー絵画館蔵）

ンツ一世（在位一七四五―六五）に譲った。ドイツ内でのプロイセンの台頭をにらんで、歴史的には対立し続けてきたフランスとの連携を強化するために、娘のマリ・アントワネット（一七五五―九三）をのちのルイ一六世（在位一七七四―九二）のもとに嫁がせたのも、マリア・テレジアである。これは「外交革命」などといわれる、ヨーロッパ内の国際情勢の変化をうながす政策変更であった。

フランツ一世の死後、息子のヨーゼフ二世（在位一七六五―九〇）は、啓蒙専制の施策を積極的に採用し、農奴を解放し、徴兵制も導入した。しかしここでも、旧来の貴族の抵抗力は強く、しかも帝国領内には多様な民族を抱え込んでいたので、結局のところ改革路線はうまく実質化しないままに、一九世紀のきびしい状況にさらされていくのである。

ロシアの場合には、一七世紀末から一八世紀はじめにかけて、ツァーリ、すなわち皇帝であったピョートル一世（大帝）（在位一六八二―一七二五）が、当時強国であったスウェーデンにたいして北方戦争を仕掛けて勝利したことによって、北の大国への展開をはじめた。これによってバルト海を制圧し、海への出口を確保するというロシアにとっての至上命題が、ある程度解決された。かれは徹底した西欧化路線を採用し、バルト海への出口に新しい首都サンクト・ペテルブルクを建設させた。他方、ウラル山脈の東方にも関心を怠らず、シベリア開発を本格的に探らせるのである。

ロシアでこのような上からの近代化路線を引き継ぐのは、一八世紀後半をながく統治したエカテリーナ二世（在位一七六二―九六）である。彼女は、フランスの啓蒙思想を代表する思想家ディドロをその宮廷に招聘して話を聞くなどして、ピョートル大帝以来の西欧化路線を推進しようとする姿勢をもってはいたが、ロシアの現実的な経済基盤は領主制的な農業経営、すなわち農奴身分の農民を酷使した穀物生産が主であった。そのような状態に反発した農民の大反乱が、プガチョフをリーダーとしておこると、彼女の姿勢はこの農奴制の強化という方向へと向かい、啓蒙的な発想にもとづく社会経済の合理化は進められることはなかった。

ロシアの大国化という点でもエカテリーナの治世は、ピョートルの路線を引き継ぎ発展させるものであった。ロシアはポーランド分割に積極的に関与し、南へはクリミア半島からバルカン方面へと、オスマン帝国との対決姿勢を強め、東へはシベリアを越えてクリル（千島）列島からアラスカへと進出し、一七九二年には日本へもラクスマンを派遣して通商を求めたのであった。

一八世紀を通じてのヨーロッパ内部における変化の過程ではっきりしてくることは、西ヨーロッパと東ヨーロッパの状況の違いが明確になっていった、という点である。おそらく、同時代の人びとにとっては、それはまだ必ずしも明確ではなかったかもしれない。しかしのちの歴史的展開を知っているわれわれには、近代的な資本主義へと向かう経済の展開、それと対応する社会秩序の変化、政治の仕組の変更、といった点で、まちがいなく西ヨーロッパが主導権をとるようになる分水嶺を、この一八世紀はなしていたとみえる。

変化を明確にしだした西ヨーロッパのなかでも、北西ヨーロッパ、とりわけイギリスとオランダが先頭を切った。そして工業化への動きがはじまっていくという点では、イギリスが抜きんでていた。それが、一九世紀の世界経済におけるその優位を、決定づける。

東ヨーロッパでは、農奴または農奴的拘束のもとに置かれた農民を労働力とした穀物生産が大規模に展開し、権威主義的な階層的社会秩序が強固に再生産される、という状態が続く。経済的にみても社会的にみても、近代的な変化という点では大きく後れをとった状態が存続したのである。こうした状態は、一九世紀にはいってイギリスの工業力が圧倒的に他国を引き離す状態になったとき、よりいっそう深刻な問題をさまざまな面でもたらすことになるのである。

4 「啓蒙の光」と近代思想の誕生

前章の最後において、啓蒙専制という点についてふれた。一八世紀ヨーロッパの主要国家においては、国王が主権の担い手としてその統治の頂点に位置していたのであるが、国王や王政の指導者たちの多くが上からの近代化を模索して、当時の啓蒙思想にも関心を払っていた、というのである。

啓蒙思想というと、一八世紀の政治や社会の体制について、批判を展開していたのではなかったか。とすると、こうした啓蒙専制という政治が一時的であれ可能であったのは、どのように考えればよいのであろうか。

はじめに、「啓蒙」という言葉自体の確認からしておきたいと思う。この言葉はフランス語でリュミエール lumières という。辞書を引けばすぐにわかるように、もとのフランス語は「光」を意味している。あらゆる事物に光をあて、暗がりや未知、無知をなくしていこう。そういう姿勢である。陰に隠れて策謀をたくらむことは、啓蒙思想の担い手から蛇蝎のごとく嫌われた。教育や情報の共有、それにもとづく理性的な判断、これがすべての運営にとっての基本であると考えられた。英語はフランス語から影響されて、「光をあてる」という意味の Enlightenment という言葉になる。

ドイツ語では Aufklärung というが、これは「解明されてすっきりした状態」を意味するので、日本語の啓蒙という表現は、このドイツ語に由来した訳語かもしれない。これは調べてみたいところである。ドイツを代表する哲学者カントは、一八世紀末に『啓蒙とは何か』を書いて、一人一人の人が知識と理性とをもって判断し行動することの重要性を説いた。そうできないのは市民としての未成熟を意味している、すなわち年がいくつであっても未成年に等しい、ということである。

1 フランスの思想家たち

一八世紀に、いわば、時代の新しい思潮として流行したのが、啓蒙思想といえる。とくにフランスにおいて、さまざまな立場の人びとが、政治や社会のあり方、経済の運営にかんして、自分たちの考え方を積極的に発言するようになり、一種の知的なムーヴメントを形成した。したがって、啓蒙思想という括り方で、なにかはっきりした学派や政治集団とかが意味されるわけではない。

現実世界を構成しているさまざまな側面について、改善や改良を求めて積極的に発言する人びとのうち、なかでもそれらの発言をリードする役割を演じているとみなされた人たちは、同時代において「フィロゾーフ philosophes」と呼ばれた。現在であれば、ただ「哲学者」という意味の言葉であるが、ここでは「知を愛するもの」という元来の原義がイメージされていたであろう。

こうした展開を代表する事業として『百科全書』がある。一七五一年から七二年にかけて全二八巻で初版が刊行されたこの大事業は、ディドロ（一七一三—八四）とダランベール（一七一七—八三）によって編集されたものであったが、かれらによって組織された寄稿者には、学者もいれば官僚や法律関係者、行政の実務家、あるいはすぐれた職人など、さまざまな分野の人物が含まれている。

それは、いうなれば、それまでに人間社会が耕してきた「知の総覧」を提示し、共有化しよう、という大胆な試みであったといえる。それまでにもヨーロッパには、この種の試みがなかったわけではない。しかし、この百科全書を編集し執筆した人びとに共有されていたのは、それらの知をそこに固定化するのではなく、つぎなる刷新へとつなげていこうとする姿勢である。そこには、歴史の展開は自分たちの意志をもってすれば変化させられるのだ、という確信があった。それによって歴史の進歩への前進が確保できるはずであろうという、すばらしい楽観主義といってもよいし、人間の知と理性がもちうる力への驚くべき信頼といってもよいであろう。

このような姿勢が、啓蒙思想家たちには共有されていた。したがって、現実に非がある、実態こそが間違っている、という認識にいたれば、積極的な現実批判が展開されることになる。それは、同時代の王政のあり方やカトリック教会への批判につながることにもなるから、当時においては合法性すれすれの営みであったことはたしかである。

しかしまた、ほとんどすべての当時の思想家たちにとっては、王政をはじめ既存の体制を転覆させようという選択肢は念頭にはなかったし、特定の国の王政だけを標的にしたものでもなかった。もっと普遍的に通用する政治や経済、あるいは社会のあらたな捉え方や、それらの組織化の方式を提言しようとするものだったのである。あくまでその姿勢は、それらの改善への志向であり、それが世界の刷新と歴史の進歩につながるにちがいない、と考えられたのである。

したがって、一定の近代化を目ざしていた国王たちにとっても、あるいは王政の指導者たちにとっても、フィロゾーフたち、啓蒙思想家たちは、必ずしも単純に反体制分子として追及弾圧すべき対象であったわけではない。むしろ、時代の変化の潮流について参考意見をあたえてくれるご意見番として、うまく活用できればよいとする判断がありえたのである。前章でもふれたように、フランス啓蒙思想を代表する思想家ヴォルテールは、新興国家プロイセンのフリードリヒ大王に招かれたのであり、また『百科全書』の編集者ディドロは、ロシアの女帝エカテリーナに招待されたのである。

1755年のジョフラン夫人のサロン（ルモニエ画／ルーアン科学文芸アカデミー蔵） 貴婦人を主宰者とするサロンは17世紀前半からはじまり、18世紀にもなると、それらにおける知的交流は、思想的にも少なからぬ意味を帯びるようになった。1750年代には、この絵に描かれたジョフラン夫人のサロンと、デュ・デファン夫人のサロンとが、競いあうかたちとなった。

この『百科全書』がたどった道筋は、この時代の状況を表わすものとして象徴的であった。それは王政によって保護されたり、あるいは検閲の対象になって一時的に刊行が差し止められたりした。いわば合法性すれすれのところに位置していたのである。最近の研究によれば、その読者層も、学者や大商人などの市民層だけではなく、王侯貴族も含まれ、既存の制度内に位置していた行政官僚なども、その重要な部分をなしていたと考えられている。

じっさい、行政や法曹の実務家たちのなかには、多かれ少なかれ啓蒙思想の新しい考え方にひきつけられていたものが多くいたと思われる。かれらは、現代の歴史学によって「啓蒙のエリート」と呼ばれたりしている。こうした啓蒙のエリートたちは、思想家、あるいは文筆家や芸術家たちとも交じりあうかたちで、サロンなどに集って意見を交換していた。そうしたサロンとして、一八世紀後半のパリではジョフラン夫人のサロンが有名な例であった。

サロンという集いの場は、一七世紀から、はじめのうちは貴族の館などで、その家の女主人のもとで開催されるようになっていった。宮廷政治の仕組が確立していくなかで、宮廷という公の場とは異なる、私的な空間で、世の中に生起する多様なことがらについての意見を交換しあう場。文学、芸術の作品が、いちはやく習作の段階で披露され、感想や批評が交わされる場。そこにはフランスの上流の人びとが分野を超えて集い、また周辺諸国からの参加者も姿をみせた。

そうした場が、女性の主宰のもとに開かれていったことがおもしろい。高度な議論を主宰できるだけの知的で魅力をもった女性がいた、ということはもちろんであるが、しかしこれは、女性の能力や才能が評価されていたからというわけではなさそうである。女性による主宰は、男社会であった公的な政治からは切れたところで成立している集まりなのだ、という点を明示するものであったと思われる。これを特定の有力な男が主宰したとすると、一種の派閥や党派、あるいは陰謀集団の形成と取られかねない。

いずれにせよ、こうしたサロンや街中のカフェなどで意見が交わされるなかから、公論（世論、パブリック・オピニオン）といわれるような時代の思想傾向が生み出されていったのである。私的なものと公的なものとの峻別が意識されるようになり、私的なものはプライヴァシーの領域として、公的なものはパブリックな領域として、いずれも重視されるようになる。国政にとっての公的なもの（パブリック）の重視が強く主張されるようになっていくのも、一八世紀を通じてであった。

こうして思想家たち、文筆家たちが構成した世界は、のちにはしばしば「文筆の共和国」（リパブリック・オブ・レターズ）といわれるようになる。そこには、既存の領域国家の国境などは関係ない、そういう普遍性への志向が共有されていたというわけである。

以上のような展開の背景として指摘しておくべきは、一八世紀を通じての出版文化の拡大という現象である。啓蒙思想がいかに時代の思潮であったといっても、それなしには普及は困難であったにちがいない。

フランスにかぎらずヨーロッパでは、まだ識字率は、民衆階層を含めたときにはそれほど高くはなかった。しかし社会の中間階層以上においては、あきらかに文字文化への志向性の上昇が指摘できる。民衆階層でもまた、文字を読める人が音読する集団読書で、情報の共有化が図られていた。民衆向けの廉価本を含めて、書物の種類は、内容的にも形式的にも多様化を明確にし、書籍商の文化的な役割は大きくなっていた。書物にかぎらず、新聞のたぐいや、一種の一枚もののビラのようなものまで、印刷物は社会的存在として大きなものとなってきていたのである。それは、印刷術の機械化や紙の生産の改良などで一気に拡大する一九世紀の、まさに前提をなすような文字文化の状況であった。

2 先駆者としてのジョン・ロック

一八世紀における考え方の大きな変化について、二〇世紀前半のフランスの思想史家ポール・アザール（一八七八―一九四四）は、一九三五年に公刊した『ヨーロッパ精神の危機』という本において、きわめて図式的ではあるが、つぎのように巧みに描いている。ここでは野沢協氏の訳文（ポール・アザール『ヨーロッパ精神の危機』法政大学出版局、一九七三年）から引用して、使わせていただく。

なんという対照、なんという激変であろう。位階制、規律、権威が保証する秩序、生活を固く律するドグマ――一七世紀の人々はこういうものを愛していた。しかし、そのすぐ後につづく一八世紀の人々は、ほかならぬこの束縛と権威とドグマを蛇蝎のごとく嫌ったのだ。

一七世紀人はキリスト教徒だったが、一八世紀人は反キリスト教徒だった。一七世紀人は神法を信じていたが、一八世紀人は自然法を信じた。一七世紀人は不平等な階級に分かれた社会でのうのうと暮らしていたが、一八世紀人はただひたすらに平等を夢見た。

もちろん息子というものは、自分が世の中を作りかえるのだ、自分がやれば必ず世の中は良くなるのだと思いこんで、とかく父親に文句をつけるものである。しかし、連続した世代の間の揺れだけでは、これほど急速で決定的な変化は説明できない。

大方のフランス人はボシュエのように考えていたのに、一夜あけると国民は突然ヴォルテールのように考えだしたのだ。これはまさしく革命だった。（改行は引用者による）

このようなアザールによる説明には、たしかに、いささか図式的に過ぎるところがある。たとえば一八世紀においては教会の権威主義が批判され、一部には無神論も登場するものの、多くの人にとってはキリスト教の信仰は前提であった。そうでないと、フランス革命以降の歴史は理解できない。また、すでにふれたように、一八世紀の啓蒙思想家たちは、決して革命という激変を構想していたのではなかった。ヴォルテールもそうである。

しかし、一七世紀において王権神授説によって絶対王政を支える論陣を張ったボシュエのような立場が、一八世紀においてはすでに説明として十分ではないとみなされていたことも、アザールが説くようにたしかであった。政治にしても経済にしても、あるいはまた社会秩序や社会現象にしても、それらが宗教的世界と密接不可分に論じられることは依然としてあったものの、傾向は、それら自体の世俗的な合理性を基準として思考され、宗教的世界は、それらを支える倫理性や価値観にかかわるものとなっていたからである。

啓蒙思想の展開がみられたのは、フランスだけではない。イングランド、スコットランド、大陸でもドイツ、イタリアなど、西ヨーロッパの多くの社会で共通の性格をもった展開が、時差はともなわれたが指摘できる。

とくにイギリスでは、前章でみたように一七世紀に、国家政治のあり方や宗教と政治の関係をめぐって激動を経験していただけに、フランスに先行するかたちで啓蒙思想と同様の考え方が明確に打ち出されていた。その代表的な思想家がジョン・ロック（一六三二―一七〇四）である。

フランスを代表する思想家のヴォルテールは、三十歳代の前半で、一時イギリスへの亡命を余儀なくされ、一七二六年から二九年にかけてロンドン生活を送った。ここで多くの政治家や思想家と交わる。すでにロックは一七〇四年に他界していたので、直接接することはなかったものの、ヴォルテールのその後の思想活動にとって、おそらくかれの著作等をとおして学ぶところは大きかったと思われる。

ジョン・ロックの議論は、きわめて多岐にわたっている。異なる宗教的立場の人にも存在を許し、そのうえで説得にあたるべきであるという、宗教的な寛容の立場をとり、人が理性ある判断を身につけるために、教育の必要性についても力説していた。しかしなによりここで押さえておきたい点は、かれの議論が、議会派が勝利した一七世紀イギリスの政変を理論的に正当化するものであった、というところである。

人には、基本的な生存権が生まれながらにして備えられている。なにものも、それを侵害してはならない。政府は、被治者の同意にもとづいて正当な統治をしてこそ、その存在が正当化できる。そうでない場合には、人は政府の交代を要求する権利をもっている。いわゆる人民による抵抗権の確認である。社会は、その構成員相互の幸福を実現するための契約によって形成されるのであり、政治においては、理性の支配を維持するためには立憲政治がよいとし、三権分立につながる構想を説いていた。

ジョン・ロックが唱えた社会契約論と同類の思想は、フランスにおいてはジャン＝ジャック・ルソー（一七一二―七八）によって明確に提唱された。ただ、ルソーが、ロック以下ほかの啓蒙思想家たちと一線を画していたのは、文明の発達は人に本源的な自由を失わせ、道徳の腐敗をともなわざるをえない、とする文明批判の態度であった。むしろルソーは、人にとっても自然性の回復が望ましいのだ、と説く。時代の主たる傾向であった理性の強調にたいしては、むしろ人としての自然の感情、恋愛や友情といった感情、家族的情愛などの重要性を強く主張したのである。一種の自然宗教論とも近いルソーの発想と、その文学的作品は、かれを同時代のサロンの寵児に押し上げた。しかしかれの思想は、あきらかにラディカルな体制批判的傾向をはらんでいたので、ルソーは著作の発禁措置や逮捕令に脅かされて、一時亡命生活を余儀なくされ、一七七八年、奇しくもヴォルテールとほぼ一月違いで、フランス革命が勃発する少しまえに他界したのであった。

以上からでもわかるように、さまざまな啓蒙思想は、基本的に共通する発想をもちながらも、それ自体が、じつは一枚岩ではない。現状を批判するにも、その改善を説くにも、力点の置き方は思想家個々人で多様であった。ヴォルテールは、都市に示されるような文明の発展と歴史の進歩に力点を置いたのにたいし、ルソーは力点が逆であった。

しかし、ここでは、ロック以来の思想が確認し、批判したところの共通する要素について、要点を捉えておこう。まずなにより、生存権を基本とする個々人の諸権利の確認、という点がある。これは近代的な人権思想の、そしてヨーロッパ型の民主主義の基本に位置する思想となるものである。

第二に、同時代の政治における恣意性にたいする批判があり、換言すれば、それは透明性や公正性への主張である。現代日本の表現にすれば、説明責任を果たさなければならないということになる。それはまた、正義（ジャスティス）の追求ということでもあった。

したがって第三に、当時の裁判（ジャスティス）制度にたいする、鋭い批判的考察が存在した。それは、人を裁くという究極の権力行使についての理論的考察であった。依然と

ヴォルテール（ニコラ・ド・ラルジリエール画、1778年／ヴェルサイユ宮蔵）

ジョン・ロック（サー・ゴッドフリー・ネラー画、1697年／エルミタージュ美術館蔵）

ジャン＝ジャック・ルソー（モーリス・カンタン・ド・ラ・トゥール画、1753年／アントワーヌ・レキュイエ美術館蔵）

して拷問がなされていた点への徹底した批判があり、社会的な安定を脅かしたことにたいする見せしめの制裁という処罰ではなく、罪を犯した人をただす、矯正へと導くべき処罰理論へと、裁くことの考え方が変化してくる。公開処刑が批判にさらされるようになり、禁錮懲役刑が主流となりはじめるのである。監獄の整備は、一八世紀末からヨーロッパ諸国で重要な課題として認識されはじめた。

そして最後に、人を裁く司法、法を制定する立法、法にもとづいた執行をする行政、これらの三つの権限を別個に区分して枠づけ、合理的に調整していく三権分立の思想が、現実においても制度化への方向をとりはじめる。

3　有効性と目的合理性の追求

フィロゾーフたち、つまり啓蒙思想家たちが追求していたさまざまなことを一言でまとめるのは困難だが、かれらが共通して、目の前にある現実の政治や社会、経済の動きを熱心に、かつ批判的に観察することから、着想を得ていたことはたしかである。そこにある矛盾や問題点を指摘し、ではどうすればよいのか、という発想から、目的にそった合理的な改善策を構想しようとした、ということは共通する特徴といってよい。

たとえば、これは神の教えである、国王の決定である、あるいは伝統的慣習である、といった断言命題で人を納得させ従わせるのは、権威的言説であるが、かれらはそれでは満足しない。なにより、一人一人がみずからの理性と知性とに信頼をおいて、論理的に事物を捉え対象化しようとすることが肝腎だと考えられた。ルソーのように、感情や感性のほうにむしろ拠るべきところを見いだした人もいたが、基本的には多くの人が、なにより知性や理性に信頼をおく発想に立っていた。

目的にそった有効性という考え方、功利主義といいかえてもよいが、それが追求対象となってくる。ある目的を立てた場合に、もっともロスが少なく有効に目的にたどりつくには、どうしたらよいのか。エコノミーは、一八世紀から、こんにちいわれるような経済学としての内実をもって自立した学問領域になってくる。それでも一八世紀には、エコノミーはそれまでの意味、すなわち有効な組織や運用を意味し、節約・倹約をも意味する概念であった。語源はギリシャ語のオイコノミア、すなわち家政のしかるべき運営のことを意味する言葉であったから、その原義のいくばくかを、とどめていたといってもよい。

自由や平等の観点からして理不尽と見なされる規制を排除すること、経済活動の最大限有効な追求の自由を保障すること、すなわち規制排除と自由市場の確保は、一八世紀の啓蒙思想に立つ経済思想の基本であった。まだ時代は、工業化に向かって本格的に動き出してはいなかった。したがって、むしろ農業に基本をすえるべきだとする重農主義の立場から、規制排除と自由市場を主張する動きも強かった。しかしこののち、一九世紀以降に工業化を基本とする産業資本主義がヨーロッパで発展していくにあたって、これらの原則がすでに重要な位置を占めていた点は、たいへん大きな前提を用意したといってよい。規制の排除や自由市場の確保という考え方の基盤には、ただ経済にかかわるだけでなく、一八世紀に主張されたより全般的な人権にかかわる、自由と平等の追求という基本的な姿勢が存在していた。経済活動の自由、労働の自由、所有の権利、それらは平等に万人に保障されるべきだというのである。そのなかで、目的にそって「投資と収益の計算」がなされるべきだ。現代資本主義にあってはあまりに当然と見なされるこのような考え方が、この時代から明確に共有化されてくる。

では、完全に自由な競争にした場合には、弱肉強食の状態が招来されてしまうのではないか。こうした問いにたいしては、アダム・スミス（一七二三―九〇）のように、そこには「見えざる手」が働いて調和が生み出されるのだとする、ある種の楽観的な考え方も示されていた。

しかし単純に楽観的だったのであろうか、といえば、そういうわけではない。さまざまな啓蒙思想に共通していたのは、こうした自由や平等という考え方の最上限には、「最大多数の最大幸福」の実現を追求するのが目的である、というより上位の共通目的が設定されていたという点である。それが、公的な領域における至上命題なのである。だから、単純に、自由競争で弱肉強食になってもしょうがない、すべては自己責任であるなどと考えられたわけではない、ということには注意しておかなければならない。

啓蒙思想のもっていた多様性と矛盾は、たしかに無視できないものがある。それは、当時の合法性と非合法性との両面をあわせもっていたが、決して革命的な変更を要求していたわけではなかった。理性を強調する面と感性を評価する面との並立。個人の責任性と社会の責任性との不調整。理神論と無神論の並存。最大多数の最大幸福という理想の目的と、弱肉強食におちいりがちな現実とのギャップ。開明的なリーダーによる合理的な管理や啓蒙的な政策が、かえって有効に抑圧的に機能していくこともあるという矛盾。

しかし、だからといって、二〇世紀において効率的な権力の作用を最大限追求するようになる政体、たとえば全体主義的な政体の責任を、さかのぼって啓蒙思想に求めたりするのは、時代錯誤である。一八世紀の啓蒙思想の考え方から、一九世紀における産業資本主義発展の基本となる発想が用意され、政治的な自由や平等という西欧型民主主義の理念、あるいは自然科学や社会科学を問わず近代学問の整備につながっていくような、そういう発想が用意されていたことこそを、歴史的には評価すべきなのである。

5　人口増加の開始から「移動の世紀」へ

すでに第3章で簡単にみたように、一八世紀から北西ヨーロッパを先頭に、人口の継続的な増加の動きがはじまる。それをもって「人口学上の旧体制」は終わりを告げる。それは、農業生産の向上とも一致した展開であった。

フランスの歴史家フェルナン・ブローデル（一九〇二―八五）は、その浩瀚な著書『物質文明・経済・資本主義　一五―一八世紀』の第一巻『日常性の構造』の冒頭において、「数の重さ」について力説している。ある時代の社会について、歴史を捉えようとするとき、その社会の人口を知ることとの重要性は、たとえば食糧との関係を考えれば歴然とする。人口がどのくらいであるか、手にできる食糧の状態にたいして人の数が多すぎれば、当然ながら食糧難が生じる可能性は高い。おなじ食糧生産でも、人口がかぎられていれば、余剰を生じるかもしれない。人の数は、労働力という要素としても重要である。社会が力強く動くためには、労働可能な人の数が確保されていることは、その条件の一つである。

しかし、一九世紀になって統計の時代がはじまり、公的な統計がかなりの正確さをもって人口や生産について数を把握しはじめるまで、歴史的な過去における人口動態や生産の実情を知るのは、そうたやすいことではない。国勢調査が正式に人口にかんする諸種のデータを調べだすのは、イギリスで一八〇一年から、フランスでは一八七六年からであった。ヨーロッパの多くの国で、ほぼ一九世紀から国勢調査がはじまる。それは国力の把握という点で、不可欠なものとなっていた。納税者の把握にしても、徴兵制度を徹底するにしても、あるいは公教育を普及させるためにも、行政対象の正確な把握は近代国家の必須の作業となる。

しかし、国勢調査がなされても、統計の取り方、調査の徹底度などからして、数値はある程度までしか正確ではない。ましてそれ以前ともなると、推定値以外ではない。しかし二〇世紀後半から進展した歴史人口学の研究のおかげで、われわれはヨーロッパについては、その人口動態にかんするかなり蓋然性の高い推定値をえている。それを参考にして、近世から二〇世紀にいたる人口動態の趨勢を押さえて、一九世紀のヨーロッパが歴史上それまでにない「移動の世紀」を形成したことをつかんでみよう。

1　世界の総人口の趨勢

はじめに、世界の総人口から確認しておきたい。

確認といっても、現在でも大まかな概数でしかつかめないのであるが、二〇世紀末には約六〇億であった。ややさかのぼると、アフリカでヨーロッパの旧植民地がつぎつぎと独立を果たしてアフリカの年といわれた一九六〇年で、約三〇億である。その当時から、国連は、このままの状態では人口爆発によって地球は決定的な食糧難におちいる、という警告を発し、いわゆる第三世界における産児制限の普及に取り組んでいった。二〇世紀後半もやむことがなかった戦乱や飢餓にともなう難民の発生と、局地的な高い死亡率を考えると、幸いにしてというべきなのかはわからないが、人口爆発の予想は下方修正されてきている。

もうすこしまたさかのぼって、二〇世紀はじめになると、世界の総人口の推定は約一五億である。つまり二〇世紀のあいだに、二度までの大戦争を経験しても、世界の総人口はほぼ半世紀ごとに倍増する動きをみせてきたことになる。

さらに一世紀半ほどさかのぼって、ヨーロッパの人口が増加局面にはいりはじめた一八世紀なかばで、世界の総人口は約七、八億ではないか、という推定値もあるが、ここまでさかのぼると、世界全体の数字についてはまったくの推定で、信用度は低い。

いずれにしても、世界が欧米における産業資本主義の発展を受け、地球規模での植民地的支配の拡大を経験することになったのと同時代から、総人口も急激に増加の局面にはいっていったということである。ただし、人口の増加の原因を正確に突きとめることは、その減少の原因を探るほど簡単ではないことはたしかである。

以上のような総人口の推移をみると、一九世紀以前においては地球上には、人口はかなりまばらに存在していた、といえそうである。一九世紀以前においては、わずかな都市には多くの人口が集中していた、という密度の問題はまた別である。もちろん、ヨーロッパの場合においても、一八世紀からの人口増加局面への変化の以前には、こんにちの目から見て、あえていえば全体として過疎的な状態であったといってもおおげさではない。

人口は、多く生まれてわずかしか死ななければ、確実に自然増を経験する。これはヨーロッパでは、一九世紀から二〇世紀なかばにかけて現実になる動きであり、いわゆる第三世界では二〇世紀に向上していった動きであった。多産少死型社会は、当事者からすれば結構なことなのではあるが、地球全体からみれば統制なくこの型が進むことは、人口爆発の直接的な原因になってしまう。

一人の女性が生涯に産む子供の数を平均した数値を、合計特殊出生率という特殊な用語で人口学では呼んでいる。この数値が二・一を超えていないと、その社会の総人口は再生産されていかない。つまり結果として、流入人口がないかぎりはいずれ早晩、人口減少が生じることになる。これは一人の男性と一人の女性、つまり二人から二人の子供が生まれないことには人口は維持されないからである。端数がついているのは、いかに医学が発達しても、乳児や幼児のうちにおける死亡はありうるからである。

欧米では、合計特殊出生率は、一九五〇年から五五年にかけての平均値で二・八であったのが、二〇世紀末には一・六にまで低下した。外部からの移民を受け容れることなしには、人口は減少の一途をたどることになる。現在の日本がもっと深刻な状況であることは、最近の報道などを通じて知られているであろう。平均寿命が延びて子供の数が減少するということは、少子高齢化社会にまちがいなく進む、ということであり、経済活動をいかに支えられるか、さらに年金制度や福祉制度をいかに維持可能にできるかといった点で、深刻な状況であることは、現在の日本だけでなく、ヨーロッパも同様のことである。

第三世界、いわゆる「途上国」においては、二〇世紀末で平均して三弱である。これらの社会の場合には、一九五〇年から五五年にかけての平均で六・二であったことを考えると、大幅に産児制限が進んできたと考えてよさそうである。じっさい、社会学者の推論では、第三世界でも所得水準が上がり、中間層以上に属するようになった人びとは、子供を少なくもうけて多くのケアをあたえようとする傾向をもつという。それは、現実の歴史において、一九世紀から二〇世紀にかけての人口増加局面のヨーロッパで、経験されていった現象でもあった。

ヨーロッパの総人口の推移については、次節でみることになるが、その世界総人口に占める割合からすると、大まかにつぎのようにいえそうである。一八世紀の段階では、ヨーロッパは、世界の総人口の七分の一から八分の一あたりにあったのが、一九世紀に急増したことを受けて、その世紀末から二〇世紀はじめにはほぼ四分の一にまで比重が高まり、二〇世紀になると急増していく第三世界の数に飲み込まれ、一〇分の一程度にまで減少することになった。

もちろん、人口の数だけから取りざたするのはおろかであるが、「ヨーロッパの世紀」ともいえる一九世紀には、総人口の点からいってもヨーロッパは、世界の最重要地域をなしていた。それが、ヨーロッパにおける急速な工業発展のための労働力の源になっていたのであり、第三節にみる、ヨーロッパからの移民の大量流出という現象の前提になっていたのである。

2 ヨーロッパの総人口の推移

ヨーロッパにおいては、一二世紀から、森林を切り開き沼沢地を干拓して農地や牧草地を増やす、大開墾といわれる時代が進展した。それによる農業生産力の向上と人口の増加とは、いわば持ちつ持たれつの関係で進んだと思われる。それはまた、安定した農村への集住化が進展した時代でもあった。しかしこの展開も、一三四八年に急ブレーキがかけられ、人口の増加期には終止符が打たれたのみでなく、人口が激減するという異常事態が生じた。黒死病として恐れられたペストの流行である。おそらくは黒海沿岸から、商船とともにイタリアのジェノヴァに輸入されてしまったペストは、人とものの動きにのって街道筋を全ヨーロッパへと広まり、前代未聞の疫病流行となってしまった。結果として、ヨーロッパの全人口の三分の一が死亡したと、現在の専門研究者は推定している。

この時期から一五世紀なかばにかけては、ペストにともなう人口激減期となる。ペストは、この一四世紀なかばの大流行のあとにも、間欠的に一定地域を襲い、その地域の人口を激減させた。こうした間欠的な流行は、西ヨーロッパでも一七世紀末から一八世紀はじめにかけて消滅するまで存続して、総人口を抑える役割を演じたのである。

それでも、人口の動きとは不思議なもので、一五世紀なかばから一七世紀なかばにかけては、人口は増加し、ペストによる損失を取り戻していった。しかしそれも一七世紀なかばにはふたたび停滞局面にはいり、おりからの気候の寒冷化などによる不作と飢饉が事態を悪化させ、人口史家によって三悪のせいで人口の停滞が招かれた時期といわれることになる。

三悪とは、疫病・飢饉・戦争という災害である。この時代の戦争は、いくら火砲が発達したといっても、それ自体としては、二〇世紀の工業化以後の戦争のように多くの死傷者を生み出したわけではない。むしろ戦争にともなう農地や都市の破壊、ただでさえよくなかった衛生の戦乱にともなう悪化、それによる流行病の蔓延、といった状況が、死亡数の増加を招いたのである。飢饉も、直接に餓死者を多く生み出したというより、日常から民衆にとってはぎりぎりの状態であった栄養の失調をひどくして、結果としてやはり病死を増やしたものと考えられている。疫病はペストのみではなかった。天然痘、チフス、赤痢といったはやり病は、つねに多くの死者を生み出そうとねらっていたのである。

このような時代には、一般に多産多死型の人口行動がとられていた。わずかにしか子供がいないというのは、ひじょうに高い乳児死亡率、幼児死亡率のなかでは、ほとんどいないに等しかったから、一般には多くの子供がつくられた。つまり多く死ぬことを前提に多くの子供がつくられたという、相当にきびしい状況だったのである。

産児制限は、結婚を晩婚型にして二十歳代の後半にもってきて、あとは自然の哺乳でのみおこなわれていたと思われる。人工的な産児制限の発想が広がるのは、一八世紀末のフランスからとみられている。それまでは、ほとんど二、三年に一回、妊娠が繰り返されたのであったが、出産はその時代には多くの危険をともなうものでもあった。したがって、妻を亡くした夫が、再婚する事例も多くみられている。農業経営にとっては、

「死の舞踏」（ミヒャエル・ヴォルゲムート画、1493年） 死を前にした生命のはかなさ、富や地位の無力さを物語る寓話や絵画・彫刻が流布した背景には、中世、ヨーロッパの全人口の三分の一が命を落としたともいわれるペストの衝撃があった。

妻のない状態は困難が増したからである。

すでにみたように、三悪を原因とする一時的な死亡の増加は、この時代までのヨーロッパについて、死亡率の乱高下という特徴をあたえることになった。一時的な死亡の増加によって人口が減少したあと、またしばらくすると人口は回復局面にはいっていくのがふつうであった。その時期には死亡率は低下し、出生率が上昇した。しかし人口がまたある程度増えると、飢饉が生じたり疫病がはやって死亡率が上昇する、という悪循環があったのである。

全般的には以上のようにいえるとしても、社会階層による差はきわめて大きかった。身分制的な社会であっただけに、いっそう大きかったといえるであろう。飢饉の時代にも、上層の王侯貴族や裕福な商人などは、食べるのに窮したことはなかった。飢饉や食糧暴動が頻発した、一七世紀末から一八世紀はじめにかけてのルイ一四世の時代に、宮廷の宴会でのおどろくべき飽食の世界と民衆の貧困の対比は、天地ほどにかけはなれていたのである。

悪循環による人口の停滞局面から、北西ヨーロッパを先頭にして脱出しはじめるのが、はやいところで一八世紀のはじめ、おおむね一八世紀なかばからなのである。すでに簡略に第3章でみたとおりである。この増加の局面は、農業生産のいっそうの向上、工業の発展と都市における就業機会の増大、商品流通の拡大、さらには衛生制度の進歩や病気にた

表5-1　過去のヨーロッパの人口趨勢（推定）

1100-1348年	増加期	1350年で	約6,900万（人）
1348-1450	急減期（ペスト）	1450年で	約5,500万
1450-1650	回復期		
1650-1750	停滞期（三悪）	18世紀初	約1億
1750-	持続的増加	19世紀初	約1億8,000万
		20世紀初	約4億2,000万
		20世紀末	約6億

いする医療の有効性の上昇などがあいまって、一九世紀における総人口の急増につながっていった。

一九世紀においても社会層による差は依然として大きく、とくに都市の民衆階層はもっとも厳しい条件を生きていたといえる。こうした都市の問題、とくに都市の民衆階層をめぐる問題は、じつはヨーロッパの近代都市発展のなかで先行したロンドンでは、一八世紀のなかばにはすでに指摘されていた。たとえばそれは、ウィリアム・ホガース（一六九七―一七六四）が描いた有名な「ジン横丁」という版画にも表現されている。

ホガースは、みずからを「自由に生まれたイギリス人」として、圧制のもとにある不自由なフランス人との対比を、いろいろな絵で風刺的に描いて人気を博していた。こうしたかれの判断の前提には、地主を中心としたジェントリー層を支配階層とする安定的な地域社会の存続、宗教的、社会的には国教会の教区にまとまった共同的世界の存続、というかれなりの認識があったと、専門研究者は指摘している。しかしこれは、実態としては崩れはじめてもいた。しかも一八世紀に急成長しつつあった都市の世界では、こうした牧歌的な安定したイメージは通用しない。むしろ見えてくるのは混乱の巷である。

「ジン横丁」は、こうした実情への批判と告発の描写であった。「下層の民衆に特有の罪悪を正すために」と、かれ自身の説明が付されている。子供にたいしても、鎮静剤、安定剤の代わりに少量のジンがあたえられていた。実態としてほんとうにあったのかは、はっきりはしない。しかし、そのような言説が、悪い現状をただそうと考えた啓蒙的発想のなかでとられていたことはたしかであった。それをただすべき現実として問題化する姿勢が明確にとられ、その立場からこの絵は描かれている。

これは、子供の教育について、民衆階層を対象としても本格的に考え出した時代の反映でもある。おなじ一八世紀なかば以降、子守唄だけを集めた本であるとか、子供を対象としたお話の本、おとぎ話の集成などが、本格的に編集され、出版されるようになっていく。イギリスだけではない。フランスでも同様であり、ドイツでも、一九世紀はじめになるとグリム兄弟によって子供向けに民話が編集された。編集されたグリム童話は、民話にあった性や暴力の側面は除去され、もっぱら家庭向けのメルヘンとして刊行されるのである。社会における子供の捉え方の変化は、人口行動における変化と微妙にかかわって進行していく。安定した中間層以上では、少なく産んで多くのケアを、という行動様式へと変化がはじまるのである。

「ジン横丁」（ウィリアム・ホガース画、1751年／フランス国立図書館蔵）　中央には、ジンで酔いつぶれた母から子供が奈落に落ちて行く様子が描かれ、その左手では、人が犬とおなじ骨をかじっている。いわば「犬畜生」と同様に身を落とす、というメッセージである。後方で、棺に納められる母親の脇に子供が打ち捨てられ、右手の喧嘩の上方では、首吊り姿と崩壊する家。これらの情景は、もちろん現実ではない。しかし「下層の民衆に特有の罪悪を正すために」とされたように、このままではひどいことになる、という警告の作品であった。

表5-2　ヨーロッパ諸国の人口増加（概数）

	1800年	1850年	1900年
イギリス	1,600（万人）	2,750	4,150
ドイツ	2,300	3,510	5,640
フランス	2,820	3,580	4,070
イタリア	1,800	2,500	3,250
オーストリア	2,800	3,600	5,000
ロシア	4,000	5,700	10,000

3　ヨーロッパからの大量移民

おもに一九世紀の後半から二〇世紀はじめにかけて、トータルで約四〇〇〇万にのぼる大量の移民が、ヨーロッパから「新天地」へと旅立っていった。もっとも多かったのは南北アメリカ、とくにアメリカ合衆国へ向かう波である。

一九世紀におけるヨーロッパ諸国の人口増加は、表にみられるとおりである。当然ながら、移民としての流出人口はここには数えられていないわけだから、人口の伸びが著しかったようすが数字からもうかがえるところである。

このような人口の急増は、すでにふれたように、ヨーロッパにおける工業発展に労働力として役立ったのであったが、過剰となった分は、ヨーロッパ内では行き場を失ったといってよい。そこには、近代化の展開には適合がむずかしかった人びともいれば、新天地で一旗あげようと考える人もいたであろう。

こうした移民を押し出す要因は、プッシュアウト要因というが、基本的には過剰人口と近代化からのはみ出しといえる。しかしそのなかには、一九世紀なかばにアイルランドで生じたジャガイモ飢饉からの大量難民がもとになったという、悲惨な例もあれば、世紀末にロシアで頻発するようになったポグロムから逃れるための選択、という例もあった。この場合には、移民の道を選択したのは、ポグロムという集団暴力の迫害から逃れようとしたユダヤ系の人びとである。

政策的な移民もあった。たとえば、フランスが支配を強化しようとするなかで、アルジェリアへ送り込まれた初期の入植移民がそうである。フランスにかぎらずより一般的にいって、植民地支配のなかでの、本国からの植民地への入植移民は、多かれ少なかれ政策的な意図と合致していたといえる。ロシアによるシベリア開発にともなう人口の移動も、国内における政策的な移民といえるような動きであった。

移民先がひきつける要因は、プルイン要因という。アメリカ合衆国では、西部開拓とともに農業の可能性はまだ大きいようにみえた。また、北部における工業化の進展が、長い歴史にとらわれたヨーロッパとは異なる可能性のイメージをあたえたとしても不思議ではなかった。南アメリカでも、ブラジルやアルゼンチンなどにおける大規模な農場開発の展開は、多くの労働力をイタリアなどヨーロッパの農村部からひきつけたのであった。

大量の移民を可能にした技術的な前提として、鉄道と船舶輸送の進歩を指摘しなければならない。もし長距離の移動が、命懸けの一か八かの選択であったとすれば、プッシュアウトの要因としてよほどの凄惨な状況でもないかぎり、大量の移民は考えづらい。権力によって余儀なくされた強制移住などは、そのいやな事例である。

しかし技術進歩は、長距離移動の性格を確実に変化させた。長距離の移民は、それまで経験してきた環境からの切断を意味したわけであるから、それ自体、決心を要するものだったにちがいない。しかし交通機関にかんする技術的な進歩は、長距離移動、とりわけ海を越える長距離航海を、それまでのような命を懸けた一大決心を必要とするものから、もっとありふれたものへと変えつつあったのである。これが、一九世紀なかばから移民が急増していった背景にあった、現実的な条件である。

世紀なかばを境に、ヨーロッパからの移民流出は、年間一〇万ほどから七〇万ほどへと急増したのであった。また一九世紀なかばには、国際郵便の組織化も進展し、一八七五年には万国郵便連合も成立した。移民として出て行った人びとは、ふたたび帰国しないかぎり永遠に故郷と切れてしまうのではなく、たがいの状況を郵便で簡単に伝えあうことができるようになったのである。先に出かけた移民のあとを追って、同郷の移民がおなじところに出かけていく、という方式も、少なからぬ場合にみられるようになる。

中国系移民が移民先の都市に形成するチャイナタウンは有名であるが、リトルイタリアなどの例もよく知られているであろう。移民後の適応や経済活動においても、しばしば同郷や同系のネットワークがものをいう場合が起こると同時に、ときには同郷の移民間での争いごとや、異なる出身地の移民同士の争いも、生じる場合があった。文化摩擦の現実は、移民と移民先の現地文化とのあいだだけでなく、移民同士の異文化間でも生じえたのである。

アイルランドからの移民が、一九世紀なかばに生じたジャガイモ飢饉のために激増したことにはすでにふれたが、世紀を通じてイギリスからも、多くの移民が海を渡って南北アメリカ、とくに北アメリカへと移り住んだ。ドイツやイタリアからは、世紀末近くなってからその数が増えている。いずれも国家統一は実現したのであったが、その後の統一国家の展開からはみだした人たちといってよいかどうか、移民研究はまだこれからの部分も多い。東ヨーロッパからも同様に、世紀末になって増えている。

ジャガイモ飢饉の直中の母と子
（「イラストレイテッド・ロンドン・ニュース」1849年12月22日号）

世紀末になって移民の数が増加し、多様化したのは、それぞれの社会のプッシュアウトの要因があったにちがいないが、同時に、欧米経済の展開があきらかに膨張し、いまでいうグローバリゼーションの動きがすでに開始されていたことがあり、また、すでにふれたように、移動手段が整備されたという側面も無視できないであろう。

こうしたヨーロッパの国々のなかで、フランスは例外的であった。一九世紀からすでに少子化の動きがはっきりして、二〇世紀末ほどではないにしても、高齢化に向かう傾向が先駆的に現われていたのである。人口の伸び悩みは国力に直結するということで、政治問題化しつつあり、産業の高度化が進展するなかで労働人口の不足も深刻に意識された。世紀末には、フランスは移民受け容れ国になり、この時代にはおもに周辺ヨーロッパ諸国、たとえばベルギーやスペイン、そしてとりわけイタリアから、農業労働力や工場労働力を補うための移民が生じていたのである。

フランスにおける移民は、ときに経済問題が生じて労働争議が起こったさいには、労働者側から、スト破りのための導入である、賃金切り下げの切り札として導入されている、といった理由で攻撃されることもあった。経営の問題としてだけでなく、移民がじっさいに襲撃されるようなことも生じたのである。とくに工場労働者や港湾労働者として入ってきていたイタリア移民への攻撃が、一九世紀末には目立つ現象となった。そのような排外主義的な姿勢をうながすことも、付随的に起こっていたのである。

大量の移民が、このようにヨーロッパから世界各地へと広がっていったことは、この時代をおいてほかにはなかった歴史的現象である。移民として出て行った人びとは、ヨーロッパで展開が急であった近代化のなかで、決して成功を収めた人びとだけではなかった。むしろ、そこからはみだした人びとのほうが多かったにちがいない。しかしそれでも大量の移民は、ヨーロッパの近代文明を世界各地へと拡大させ、拡散させていくのに、大きな役割を果たしていたと考えられるであろう。しかし逆に、各地の人びとや文化についてヨーロッパの理解をうながし、相互理解と交流を促進することに役立ったかというと、残念ながら答えは芳しいものではない、といわなければならないであろう。

6　革命に揺れる大西洋世界

一八世紀の末近くから一九世紀はじめの一八二〇年代にかけて、大西洋をはさんだ両側に位置するヨーロッパと南北アメリカでは、革命的な激動が各地に生じた。それまでの政治体制や支配者が倒される革命的な出来事や、そのような変化を求める革命運動が、一種連鎖反応のようにつぎつぎと起こったのである。

アメリカ独立革命とフランス革命は、いわばそれらの革命的出来事の代表格であるが、こうした一連の変動を個々ばらばらに捉えるのではなく、相互に影響力をもち、また相互に共通の課題を帯びた同時代現象であったとして、「大西洋革命」という捉え方が提起されてしばらくのときがたつ。

たしかに、これらの運動は、どこかに統一的な司令部があって指揮した、といったものではない。しかしまた、たしかに同時代の現象として、それらには共通する、ないしは共鳴しあう要素を指摘することができる。

本章では、これらの革命的出来事の歴史的な意味について、捉えてみたい。われわれはヨーロッパ近代史を対象にしているのではあるが、ここでは射程は大西洋の反対側、南北アメリカにも及ばざるをえない。それらの地は、この一八世紀末までには大西洋世界という枠組で、ヨーロッパと密接不可分な関係に位置していたからである。

1　出来事とその意味の確認

年表に記した出来事は、この一八世紀から一九世紀への転換期に生じた出来事のうちでも、きわめて大きな結果につながったものである。ここには記されていないものも含めて大小さまざまな運動では、それぞれが起こされた場所の状況に応じて、その現実的な展開に多様な様相が示されたことは、いうまでもないことである。すべてが一様に展開したなどということは、ありえない。

しかし、一九五〇年代にいちはやく、アメリカの歴史家パーマーは、これらの革命的な出来事を個別に考えるのではなく、そこに共通した課題の追求が賭けられていたのだとして、これらの革命を「デモクラティック・レヴォリューション」と捉えることの必要を説いた。つまり、民主主義を求める革命、人民ないし市民、国民が、主体として社会と国家の運営にかかわる体制の実現を求める革命である、としたのであった。

これは私の推論であるが、そのような提起をしたパーマーの念頭には、おそらく、レッ

表6-1　18世紀末～19世紀初頭の革命的激動

1773-75年	ロシアでプガチョフの乱
1776	アメリカ独立宣言
1789	フランス革命
1804	ハイチ独立
1810年代に独立運動が展開	ベネズエラ、パラグアイ、アルゼンチン、コロンビア
1820年代に独立運動が展開	メキシコ、ペルー、エクアドル、ブラジル、ボリビア、ウルグアイ

ド・パージでゆれる、かれ自身と同時代のアメリカ社会があったのではないか。リベラル派の人びとに「赤」すなわち共産党員ないしその共鳴者というレッテルを貼って、政治や社会の表から排除しようという、のちから振り返れば相当ヒステリックな、冷戦下の政治的運動が、良心的なアメリカ人の心を暗くさせていた時代である。アメリカの人びとに向けて、自分たちの国の成立事情をいま一度想起させたい、そういう関心がかれにはあったのではないか、と思われる。少なくとも、時代的には符合するのである。

じっさいのところ、これらの革命的な出来事や革命運動に共有されていた問題、それらのなかで求められていたものを、大きく括ってみれば、つぎのように指摘できると考えられる。年表にある一つ一つの出来事について、ここでたどることはできないから、あくまで総括的な整理で我慢しなければならない。

第一にあげるべきは、政治的な発言権、自立的な決定権の要求ということである。それまでの歴史において、みずからの意思をもって行動する自由を十分にもってはいなかった人びと、社会の運営にみずから主体的にかかわることができなかった人びと、さらには、みずからの意見を自由に発言することすら十分には承認されていなかった人びと、かれらが、それらの権利をみずからのものとして要求するようになった、ということである。

その具体的表現は、運動が置かれていた状況に応じてちがっている。南北アメリカでは植民地状態であったということがあるから、それぞれの立場から国家としての独立の要求が出されていった。イギリス領であった北アメリカ植民地の独立革命については、次節でみることにしよう。

年表の冒頭にあるプガチョフの乱は、ほかの出来事とは、また異なる性格をもっているものといわなければならない。自立的な決定権の要求、という点では共通しているが、運動の主体は農奴や、農奴的な位置に苦しんでいた農民であった。したがって解放の要求には、身分制を打破したいという願望が込められていたのであるが、ロシアの農民は、よきツァーリの再来であると主張するプガチョフに信頼を寄せたのである。そこには、よき国王（皇帝）は仁政をほどこすものだと考える、民衆の歴史的な心情が表わされていたといえる。

第二に、旧来の統治や支配への批判、あるいは社会制度への批判が含まれていたという点がある。独立の要求自体が、旧統治への批判であることは当然であるが、独立要求でない場合にも、旧来の政治の恣意性への告発や、一貫性のなさへの批判が、人民あるいは国民全体の公的利益の観点からなされたのである。

そうした批判は、つねにというわけではないが、社会的な諸制度にたいするさまざまなタイプの批判をともなっていることが多くあった。身分制の打破、という要求もそのうちの一つである。第三節でみるフランス革命の場合には、その推進者のうちに、政治体制の変更で事態を収めようと考える人びとと、さらに社会的なさまざまな制度、教会組織やギルド的団体から州や行政区画、暦や度量衡にいたるまで、ありとあらゆる制度の刷新を求めた人びとまで、さまざまなタイプの要求が混在していたのである。

第三に、独立要求にせよ政体の変更や社会制度の変革にせよ、そこで追求されるべきなのは、ある特定の集団の利益であってはならなかった。なによりも公的な利益、公的な幸福の増大の名において、運動は正当化されていたということである。すなわち運動の主体、あらたな革命後の政治社会の主体となるのは、国民であると主張される。国民の重視という主張も、現実の運動ではきわめて明示的になされる場合と、あまり表に出されない場合と、状況や担い手によってちがいはある。どれほどの実質をもっていたのか、という点でも、ちがいは大きい。しかし、一九世紀において国民国家形成を追求していくための枠組は、この時期の出来事のなかで形づくられていくのである。

以上の要素はいずれも相互に連関している。

さらに第四に、自由や平等という理念の重視が、以上の要素の前提として指摘できる場合も多い。ただしこの場合にも、運動の担い手によって、あるいは時期によって、具体的な状況のなかで明示的にそれらの理念が問われている場合もあれば、ほとんど表面にはでてこない、現実の行動に示されるのみという場合もあるであろうし、現実の過程は多様なあり方をしている。

こうした共通すると思われる要素を念頭において、皆さんご自身で個別の運動や出来事を調べ考えてみてほしい。ここでは、とりわけ大きなインパクトを同時代においてもった、そしてのちの時代にたいしてももつことになった革命について、以下でみてみよう。

2　アメリカ独立の意味とインパクト

一八世紀なかばに、イギリスとフランスのあいだで覇権抗争が激しく展開し、ヨーロッパ内で戦われた七年戦争と同時に、北アメリカとインドで展開した植民地戦争があったことには、すでにふれた。この戦争でイギリスは、フランスを抑えることには成功したのであったが、しかし戦争は、フランス政府と同様イギリス政府にも負債を残した。

イギリスは、財政の建て直しのためにも本国重視の政策を強化し、植民地への課税などを強化しようとした。これにたいして、植民地側が反発したのは当然であった。北アメリカの東海岸には、一三のイギリス植民地が成立していたが、それぞれは特徴をもちながら独自の歩みを進めていた。これらの植民地は、イギリス本国にたいして、「代表なくして課税なし」と主張して反発した。一七六五年、印紙税設置にたいする反対運動のさいである。イギリス本国の議会に自分たちは代表を送っていない。課税の議論に参加していないのであるから、この一方的な決定を認めるわけにはいかない。こういう論理である。

当初、北アメリカ東海岸のイギリス一三植民地の動きは一致していない。それぞれに成立の経緯がちがっていたことや、経済的な位置のちがいなどが背景にはあった。それは、一七七三年の茶法設置にたいする反対運動のさいにもいえた。

本国からの自立を目ざす人びとは、愛国派といわれる。しかし他方、本国との協調を求める人びとも多くいた。かれらは忠誠派といわれる。植民地勢力の内部は、一枚岩ではなかったのである。しかし、イギリス本国政府には、フランスに勝ったことからであろうか、過信があったというべきであろう。

茶法をめぐるやりとりのなかで武力衝突が起こると、イギリスは植民地の動きを反乱行為とみなし、本格的な軍事介入を選択した。これがかえって、植民地側の団結をうながすことになるのである。しかし本格的な軍隊にたいして、はじめ植民地側は、いわば民兵の寄せ集めといった性格をまぬがれなかった。植民地側は、戦局不利のなかでいち早く独立宣言を出すという、思い切った選択にでた。

一七七六年七月、ジェファソン（一七四三―一八二六）らによって起草された独立宣言では、基本的にヨーロッパの啓蒙思想で示された諸権利が明示されていた。人の生存権をはじめとする基本的人権の確認。それを侵害する統治にたいしては、その政府を打倒してあらたな政府を組織する権利があること。被治者の同意なしには政府は正当化されないこと。国民主権に立つ近代民主政治の原則の確認である。

翌一七七七年には、植民地代表が組織していた大陸会議が連合規約を採択し、一三の植民地はここに合衆国を形成することが明示された。しかし、現実の戦局は、植民地軍にとって形勢有利ではなかった。おりから啓蒙専制時代にあったヨーロッパにおいて、直接に支援要請する外交活動を展開しようとする動きがはじまった。

派遣されたのは、独立宣言の起草にもたずさわったベンジャミン・フランクリン（一七〇六―九〇）である。名もない民衆の子として生まれ、みずからの努力と工夫と才覚で事業に成功しただけでなく、放電現象の実験などで学者としても知られた存在であった。かれは、「新世界」アメリカの可能性をみずから体現するセルフメイド・マン self-made man の実例であり、のちの表現を使えばアメリカン・ドリームの体現者であった。

フランクリンは、ヨーロッパ社交界の寵児としてもてはやされた。もっとも、すでに七〇歳を超えていたのであるから、寵児というにはいささか高齢である。もっともはっきりと対応したのは、フランス王政であった。フランス王政は独立派の支援を決定し、金銭面だけでなく軍隊を派遣した。

独立宣言の内容からすると、フランス王政が独立派を支援することは考えにくいのであるが、その判断は、覇権抗争の相手イギリスへの対抗に由来するものであった。この支援が効果をあげて、一七八三年、パリ条約でイギリスはアメリカ合衆国の独立を承認した。アメリカ独立が達成され、イギリスは重要な北アメリカ植民地を失ったわけであるから、フランスの政策判断は正しかったといえるかもしれない。しかしこの支援のために、ただでさえ赤字が累積していたフランスの国庫には、さらに負債が増大してしまった。それにともなう危機の深化が、王政の首を締める結果につながっていったのは、歴史の皮肉であろうか。

合衆国は成立したが、旧植民地がもとになったそれぞれの州は独自の憲法をもち、中央政府は弱体であった。そこで、一七八七年、合衆国憲法が制定された。各州による批准は難航したが、一七八九年、初代大統領に、独立戦争当時の植民地軍最高司令官ワシントン(一七三二―九九)を選出することで、妥協が成立した。憲法は、人民主権、連邦主義、三権分立を明確にうたいあげていた。

一八世紀に、ヨーロッパ諸国のなかで世界経済覇権を握りつつあったイギリスから、そのだいじな植民地が独立を遂げた。この出来事がもたらしたインパクトは、きわめて大きなものがあった。しかしイギリスは、最後まで独立を抑圧しようとして戦争を長期化させるのではなく、独立は認めたうえで関係をうまくとっていくことを選んだともいえる。い

「独立宣言への署名」（ジョン・トランブル画、1819年／アメリカ合衆国連邦議会議事堂円形大広間蔵）

わば、最悪の事態のなかでの最善を選択して、体裁を捨てて実を取ったのである。

アメリカの独立は、また、ヨーロッパの啓蒙思想ではぐくまれた基本的人権の考え方や制度の民主化を、じっさいの政体の実現において追求するかたちとなった。それらの思想は、いよいよ絵に描いた餅ではなくなった。その気になれば、実現可能な現実のプログラムとなったのである。この意味は大きい。

しかし一点、気をつけておかなければならないのは、そこでいわれていた権利の担い手には、ヨーロッパからの移民の末裔である男性市民のみが、登録されていたということである。すなわち、社会構成員のもう半分を占める女性は、政治からも権利からもいっさい枠外に置かれていた。女性は保護の対象でこそあれ、政治の領域はまだあくまで男性だけの領域であった。男性でも、先住民はこれまた枠外であった。基本的人権も、奴隷には適用外であった。独立運動の重要なリーダーであったジェファソンにしてもワシントンにしても、多くの奴隷をかかえる裕福なプランターだったのである。

3　フランス革命

アメリカで連邦政府が成立したその年、一七八九年七月に、パリ市内の東はずれにあったバスティーユの要塞が、武装した市民の手によって攻略されるという出来事が生じた。それが、フランス革命の開始を示す合図となった。

ルイ一六世を国王とする王政が転覆する事態になるとは、ことが起こるまでは、同時代には誰も考えていなかった。われわれは、ことが起こったあとの展開をあらかた知ってしまっているので、あたかも革命は起こるべくして起こった、と単純に考えてしまいがちであるが、決してそう簡単ではなかったことに、気をつけるべきである。

では、革命直前にはどういう危機が存在していたのであろうか。

はじめに指摘しておきたいのは、旧王政は決して反動的に抑圧体制をとっていたわけではなかった、という点である。むしろ、一定の上からの改革の模索がなされてはいたのであったが、どれも中途半端で挫折していた、という点が問題である。これは啓蒙専制の限界ということで、近代化・自由化を徹底できない。改革の提起とその撤回とがあいつぐ状態は、政治的な不安定と危機的状態を招いた。

また、前節でみたように、アメリカ独立支援は、ただでさえ深刻であった国庫赤字の累積を悪化させてしまった。財政危機である。

社会経済的な危機も見逃すわけにはいかない。フランスは、イギリスにこそ後れをとってはいたが、経済全体はそれほどひどかったわけではない。むしろゆっくりした成長をみせていたのであり、海外交易にしても悪くはなかった。しかしそのなかで、農業不作による食糧危機が何回か深刻に生じ、一時的に経済全体を収縮させる事態も生じた。一七八六年に締結されたイギリスとの通商条約は、技術導入をもくろんだものでもあったが、現実にはイギリス商品の流入による経済危機の増幅につながっていった。

こうした複合的な危機状態がつのるなかで、旧来の権威は重みを失いつつあり、変化への希求が急に激しく登場したとしても、不思議ではない状態だったのである。しかし、そうした動きを提供したのは、むしろ王政の側であった。危機的な事態の収拾のために招集された全国三部会にむけて、改革案の提言を全国民に訴えたからである。それまでは発言したこともなかった人びとが、一気に公的な場での発言の機会をえたのである。革命のまえに、すでに社会の政治化という現象が生じていた。

しかし国王への信頼は不思議とまだゆらいではいなかった。革命の可能性も、まだ誰にとっても思考の外であった。現実に起こった出来事は、いまでは複合的な性格をもった革命として解釈されている。

第一には、貴族の立場からの王政への対抗があった。既存体制にあって権利（観点を変えれば特権）を保持していた貴族階層は、王政による改革の模索とその撤回という政治にたいして、不信感を募らせていた。もっとも極端な場合には、封建的反動ともいわれるような、領主権の再確認を試みる貴族もいたが、全体としては反動というより、体制下での正当な立場を守ろうとしていたと解釈される。かれらからみれば、王政のほうが恣意的であった。

第二には、裕福な市民層による体制への不満があった。じつは裕福な市民は、貴族の称号のついた官職を金銭で買い取る公的な方式で、機会があれば簡単に貴族にも上昇できたのだが、その回路が十分には機能しなくなっていた。もちろん市民のなかには、啓蒙的な改革を望む人たちもいた。いわば多様な理念と欲望をもって、事態の推移にかかわっていた。

第三には、都市の民衆による生活安定を求める動きや、決定権への参加の要求があった。都市民衆もまた、市民ともちがう、革命のリーダーともちがう、独自の論理をもって革命の動向に参与していた。

そして最後に、農民による自営の土地を確保したいという要求があり、ときにそれは領主の館の焼きうちといった出来事として表わされたりもしたが、農民の要求は、社会の圧倒的多数をかれらが占めていただけに、革命の水面下でつねに問題として存在していた。

さまざまな状況的な動きが起こるなかで、平時であればありえなかったような政治的リーダーも登場した。しかし参加者のなかに変わらず底流としてあったのは、どのような位置からであれ自分たちの発言する権利の確保や、政治や社会のあり方についてのみずから自身の関与の権利を求める、という点である。運命を誰かの手にゆだねない、という姿勢だといってもよい。ひるがえっていえば、生存権の確保である。

一七八九年八月に採択された人権宣言は、人権思想と国民主権を明言して、アメリカ独立宣言や合衆国憲法と同様の基本的立場を表明していた。ただしフランスには国王がいたので、その存在を前提とした立憲王政が、フランス革命当初の立場であった。しかし、まさに状況の推移のなかで、革命は共和政へ向かい、ヨーロッパ諸国との戦端をひらいて、自由と平等をもたらすべき前衛として革命の輸出を志向することになる。戦時体制のなかでのいわゆる恐怖政治も、単純な権力闘争ではなかった。そのジャコバン独裁下の恐怖は反革命を抑えるためのものとされ、その正当性を担保するものとして徳性が掲げられていたことを忘れてはならない。革命のリーダーは、ある意味であまりにまじめに倫理的であろうとしていた。

フランス革命においてなされたこと、打ち出された原則のなかで、のちの時代との関係で注目しておきたいところをおさえておこう。

ヨーロッパ最強とみられていた王国の体制が転覆された。そうした政治的変化が可能だということが、具体的な行動として明示されたのであった。しかもその変動には、民衆の本格的参加があった。旧来の特権や社団が廃止され、私的所有権の不可侵が確認された。個別の自由の重視と団結の禁止がうたわれ、国家運営における国民主権の確認がなされた。民衆の参加がある一方で、運動の推進においては、前衛主義ともいえる立場が強く姿を現わした。そのもとで、社会と人心の一新が可能であるとする考え方にもとづいて、多様な制度改革が模索されたのである。

フランス革命は結局、最終的な収拾局面でナポレオンによる独裁的な帝国形成を招くことになる。しかしナポレオンも、単純な個人独裁や軍事支配ができたわけでもなければ、それを求めたものではなかった。国民の合意や支持をどう取り付けるかに、ナポレオンは相当に神経を使っている。たしかに、カトリック教会の権威を再確認したり、貴族制度をかれなりに復活させたりもしたが、私的所有権の確認や民法典の制定に代表されるように、革命の成果を少なくとも一部において引き継ごうとした。

ナポレオンは、ヨーロッパ全体へと支配を広げていこうとしたが、そこでも、市民的自由の戦士として戦うのだ、という、一種の革命の輸出の姿勢をとる。実際にやったことは

「1792年9月、前線に出発するパリ国民衛兵」（コニエ画、1835年／ヴェルサイユ宮蔵） この絵は、後世になってから、フランス革命戦争のさいの国民的かつ革命的熱狂を強調して描いたもので、現実の写生ではない。むしろ、ナショナリズムの高揚に向かう19世紀をいかにも思わせる作品である。

そうではなかったし、占領軍としてのフランスへの反発は、各地でやがてナポレオンの軍勢を追い詰めていくことになる。

いいかえると、フランス革命とナポレオンがみずからの戦争を正当化するために用いた、市民的自由とか国民を軸とした政治の考え方は、ヨーロッパ各地の人たちによって、かえってフランスによる支配への対抗の論理として使われるようになる。ナポレオンにしてみれば、皮肉な運命というべきかもしれない。そしてナポレオンが一八一五年には最終的に負けてセントヘレナ島への流刑を余儀なくされ、フランスによる支配が終わったあとは、各地で復活した古い体制にたいして対抗する論理を、こうした考え方がもたらすことになる。それが、初期の国民主義としてのナショナリズムなのである。

7　ウィーン体制と四八年諸革命

前章では、アメリカ独立を本国イギリス対植民地アメリカの問題としてだけ捉えたのではいけない、ということを考えてみた。フランス革命もまた、フランス内の出来事としてだけ捉えたのではいけない。アメリカ独立革命、フランス革命いずれもが、一九世紀の歴史的展開にインパクトを残すのは、それらがこの時代の大西洋世界に共通する歴史的課題にふれていたからにほかならない。

なによりそれは、それらの革命が表明していた人権や民主主義の理念にかかわる。たしかにそれは、時代的な限界をもったものであった。すでにみたように、人権や民主主義といっても、女性の政治的権利はまったく認められなかった。経済的な主体としての権利も認められなかった。いずれの革命においても同様であった。しかし、民衆階層をも含めた自立と参加の権利は、少なくとも否認しがたく政治的舞台の上に登場した。そして既存の政体が変更可能であることも、否定しがたい現実として誰の目にも突きつけられたのであった。

ラテンアメリカ諸国については、今回はほとんど言及できないが、フランス、スペイン、ポルトガルといった支配国からの独立という点では、旧植民地として政治的な自立の権利を手にできた。だが現実には、独立戦争で立役者になった軍事的な有力者、地域的なボスによる社会の支配が存続する厳しい現実があった。経済についても、モノカルチャーの実態を変えていこうとするイニシャティヴは働かない。ヨーロッパ諸国、とくにイギリス、やがては合衆国を含めて欧米諸国といったほうがよいが、それらの国から投下される資本への従属性、ないしは依存性を、独立後のラテンアメリカ諸国はなかなか脱することができないのである。

本章ではヨーロッパ内部に戻って、フランス革命とナポレオン戦争が終結したあとの、一九世紀前半のヨーロッパにおける政治と社会の情勢について捉えてみよう。

1　ウィーン体制とはなにか

ナポレオンによる統治は両面性をもっていた。革命の継承者という面と、革命の否定者という面である。しかしナポレオンによる支配下に置かれた諸地域にとっては、王侯貴族にせよ民衆にせよ、その支配への抵抗は外国支配からの解放と自由の回復を意味した。ナポレオン失脚後に、フランス革命以来のヨーロッパ情勢の建て直しを協議するために、諸国の代表がウィーンに集まって会議を開催した。一八一四年から一五年にかけてである。

会議の進行は緩慢であったが、社会秩序や政治体制の原則を革命以前に戻そうとするフランス外相タレーラン（一七五四―一八三八）の主張が、おおかたの同意をえた。これが正統主義といわれる立場である。勢力範囲をいかに決めるかでは、各国の合意はなかなか成立しなかった。調停役を演じたのが、主催国オーストリアの外相メッテルニヒ（一七七三―一八五九）である。

ウィーン会議（J. B. Isaben 画）

フランスとスペインでは、正統主義の考え方にもとづいてブルボン王朝が復活した。王政復古の国際的承認である。他方では、列強間の勢力均衡にもとづいて戦争を回避し、ヨーロッパ内に安定した状況を維持しようとする考え方がとられていた。そのかぎりでは、それなりの平和維持体制が求められていた、といえる。ただし、主要国の勢力範囲は革命前より拡大するように整えられ、不満や対抗心が煽られないようにされた。

イギリスは抜け目なく、南アジアではスリランカ、地中海ではマルタ島、アフリカではケープ植民地を獲得し、植民地経営と世界経済覇権の掌握における地歩の確保を進めた。オランダは、ベルギー一帯を併合し、ロシアは、旧ポーランド王国の直接統治を国際的に承認させることに成功した。

ドイツでは、三五の君主国と四つの自由都市が同盟する形でドイツ連邦が形成され、その盟主にはオーストリアがすわった。メッテルニヒの外交的勝利といえる。しかし神聖ローマ皇帝という帝位は廃止されたまま、復活することはなかった。もはや、そういう時代ではなくなっていた。個別の国家がその内部のまとまりを強化すべき時代になっていたのである。ドイツやイタリアのように、内部が政治的に統一されていなかった場合には、統一的なまとまりをどうするのかが、問題になっていく。そういう時代がやってきていた。一国経済の自立、という観点からも、それは求められたのである。

ウィーン会議で国際的に合意された体制は、国王や皇帝などの、フランス革命以前からの支配者が中心となって、ヨーロッパ全体にかんする政治的な勢力地図の引きなおしを図ったものといえる。しかしメッテルニヒを中心的な調整者としたこの体制を、単純な反動体制とだけみなしてすますわけにはいかない。

列強間の勢力均衡と政治地図の現状維持という点で、たしかに保守的な姿勢は明確であった。しかし他方では、むきだしの武力衝突を回避して、すなわち資金にしても人命にしても消耗するだけという戦乱のコストを回避して、それなりに集団的な安全保障体制を実現しようとするものであった。戦争を回避して平和維持を実現しよう、そしてその平和のなかで社会の秩序を安定させ、経済を発展させよう、という姿勢も明確にみられた。ただしウィーン体制の主導者たちが考えた社会秩序は、国王や皇帝を頂点とする階層秩序だったのである。

一八二〇年代におけるギリシャ独立戦争のような例外はあるが、たしかにウィーン体制のもとで一九世紀なかばまでのヨーロッパでは、戦争は回避されていた。ギリシャ独立は、イスラームのオスマン帝国による支配からの脱却、という点で、いささか例外的に捉えられたものといえよう。異教徒に虐げられている仲間、という捉え方もあって、ヨーロッパでこのころから一つの有力な潮流となるロマン主義的な感性を、くすぐるものであった。

しかし、全体として保守的な安定という方向を目ざしたウィーン体制にもかかわらず、一九世紀なかばまでのヨーロッパは、さまざまな政治的、社会的運動にゆれる、激動の時代となる。ウィーン体制にもかかわらず、というより、むしろウィーン体制ゆえに、といったほうがあたっている。なぜなら、フランス革命とナポレオン体制を経験したヨーロッパ各地では、ウィーン体制の主導者たちが抑えこもうとすればするほど、政治的な参加権や自立を求める運動は抑えがたく台頭していたからである。それは、この時期における経済社会の変化の要請とも、合致するものであっただけに、ウィーン体制もそれを抑えきることはできないのである。

2 一九世紀前半ヨーロッパにおける革命運動

ウィーン体制は、支配層以外の政治的発言権や参加権を否定する姿勢を明確にしていた。そのようなウィーン体制にたいする反対の動きや言論をまえにしては、徹底的な抑圧政策で対応した。しかし抑圧策も、ウィーン体制の基本姿勢にたいする反発や反対の運動が各地に起こることを、抑えきることはできなかった。つまるところ、政治的参加の権利や政治的な自立を求める運動は、絶えることがなかったのである。

それらの運動では、二つのレベルのことがらが問題になっていた。一つは、アメリカ独立革命やフランス革命以来の人権思想、人間にとっての自由や平等を追求しようという、普遍的な価値観にもとづいているという性格である。とりわけヨーロッパの諸国にとっては、フランス革命の記憶は、それに賛同する人びとについても、それを否定する人びとについても、決して過ぎ去った昔の話ではなく、まさに現在にかかわるものとしてあった。ホットな政治的話題だったのである。政治的な自立を求める運動の推進者たちは、フランス革命以来の普遍的な権利の主張を自分たちも掲げ、そのような思想に依拠しようとした。

しかし、もう一つには、それぞれの運動が展開する場所の歴史的な性格、現実の政治のあり方や経済状況に対応した方向性を、それぞれに追求せざるをえないという面があった。

それをはずしては、運動は孤立をまぬがれない。ときには普遍的原則からの逸脱も求められる。普遍的な原則を立てるだけでは、運動は実質的な展開が不可能なのである。

具体的な運動として、たとえば一八二五年に起こされた、ロシアにおける貴族青年将校たちのデカブリスト（一二月党員）の乱をあげることができる。ナポレオン戦争を経験した貴族階層に属する若い将校たちによる、立憲制を求める一種のクーデタ運動であった。ツァーリ体制によって完膚なきまでに弾圧された運動は、民主主義的な革命理念への共鳴にもとづいていた。しかし行動としては、ツァーリ体制下には秘密結社型でなくては不可能で、しかも絶望的なクーデタ方式を選択せざるをえなかった。

イタリアの秘密結社カルボナリ（炭焼き党）によるヨーロッパ革命運動もまた、二面性のあいだで引き裂かれていたようにみえる。ヨーロッパ規模におけるフランス革命の継承という面は、秘密結社の前衛による革命運動の継承という面をもっていた。しかしまた、立憲自由主義の要求やイタリア統一という課題への対応は、前衛的な秘密結社運動だけでは立ちゆかない。民衆的広がりを追求せざるをえなくなるのである。そのときには、秘密結社型のみずからの運動は、解体の方向に向かわざるをえない。じっさいマッツィーニ（一八〇五―七二）による青年イタリアの組織は、そのようにしてカルボナリの運動を断ち切って、統一運動に向かうことになる。

各地におけるさまざまな運動は、一時的に勢力をえることはあっても、結局はオーストリアをはじめとした列強の弾圧政策、あるいは軍事干渉によってつぶされた。しかし、政治的な自由の拡大、発言権の拡大を求める運動は、その根っこまでをつぶすことはできない。ひろく国民の動向をぬきにしては、政治支配そのものが安定的に成立しえない経済や社会の状態が、進みつつあったからである。

3　四八年諸革命への展開

一八三〇年七月パリにおいて、武装した市民や民衆の参加した運動で、フランスの復古王政が打倒された。復古王政のシャルル一〇世（在位一八二四—三〇）が、みずからにたいする反対派が台頭した議会を一方的に解散し、いっそう選挙権を制限しただけでなく、言論や出版の統制を強化する動きに出たとき、いわば、復古王政にたいする反発がいっせいに吹き出たのである。

三日間の市街戦で、武装蜂起した勢力が優勢になり、シャルル一〇世はイギリスへの亡命を余儀なくされる。かわってオルレアン家のルイ・フィリップ（在位一八三〇—四八）が、あらたに立憲体制を承認して即位した。依然として財産持ちのごく一部の支配階層に限定されてはいたものの、選挙権が多少拡大して、政治的自由が大きく認められた立憲王政となる。産業の発展を目ざす政治姿勢も、明確にされた。

パリからの情報に刺激されたベルギーでも、オランダからの独立を求める運動が市街戦をへて勝利し、独立が実現された。イギリスでも選挙法改正や、地主を保護していた穀物法の廃止、航海法の廃止など、一連の自由主義的な改革が進められるようになった。独立や自立を求める運動は、ポーランドやハンガリーでも展開された。

この一八三〇年に続いて、もう一回、革命運動の大きな波が今回はヨーロッパ全域を巻きこんで起こる。それが、一八四八年である。

一八四八年のほうが、もっと各地の都市で、ほぼ同時多発的に生じたのであった。パリの二月革命では七月王政が倒され、今度はルイ・フィリップが亡命を余儀なくされ、フランス革命以来の共和政体が成立することになった。ウィーンの三月革命では、メッテルニヒが亡命を余儀なくされ、ウィーン体制はその膝元からゆらいだ。パリやウィーンとならんでローマ、ミラノ、ブダペスト、プラハ、ベルリンなどでも、革命的な状態が出現した。大西洋革命の場合とおなじように、どこかに統一的な中央司令部があったわけではない。ヨーロッパ各地で共有された目標や課題があったからだといえる。

それはすなわち、政治的な参加の権利、発言権、あるいは具体的には選挙権や被選挙権、自由な発言や行動の権利、集会の権利、といった、政治的決定をめぐる権利の要求に端的に示されていた。国家としての独立を求める動き、国家としての統一を求める動きも、これらの基本的な政治的権利と分かちがたく結びついて求められていた。なにがなんでも独立さえすればよい、なにがなんでも統一さえすればよい、というわけではなかった。それがかえって運動内部に亀裂をもたらしたこともたしかで、たとえばドイツ統一の方式をめぐって議論したフランクフルト国民議会は、結局成果をみないままに、既存勢力によって制圧されてしまうのである。

この一八四八年のさまざまな運動も、いずれも最終的に目的を達成したものはなかった。運動を推進した人びとの政治変革や社会変革の夢は実現しない。運動が革命として成功し、政治権力を担ったとしても、それは一時的な状態にすぎなかった。

しかし、これらの運動によって、メッテルニヒが亡命を余儀なくされたことが象徴的に示しているように、ウィーン体制はもはや維持できるものではないことがあきらかになった。民衆階層を含めて、国民の政治的同意をいかに取りつけて、換言すれば世論をいかに味方につけて、政治を運営できるかが大きな問題であることを、多くの支配者は認識せざるをえなくなったのである。したがって一九世紀なかばをすぎると、世論を誘導しようとする姿勢も明確にとられるようになる。

この一八四八年のさまざまな運動の展開を通じてはっきり浮上してきた問題は、貧困や住環境などの民衆の生活権とかかわる社会問題であり、労働者としての自意識の形成をともなう労働問題、であった。表現を変えれば、各種の社会主義的な主張が、政治の舞台に明確に姿を現わすようになる。社会主義運動や労働運動が無視できない政治勢力として、ヨーロッパの政治をめぐる状況のなかに位置してくるのである。

また、国力を強化するためには、経済の近代化を追求することが不可欠であることも、明確になる。すなわち工業化の推進であり、国内市場の整備であり、それらの核となるべき都市の整備である。アーバニズムという考え方や表現が、じきに姿を現わしてくる。保守反動にたいして政治体制の変革を求める自由主義、共和主義と、さらにそれに加えて経済体制の革命をも求める社会主義とが、微妙な関係を取り結ぶようになるのであった。

8　工業化と社会の変容

ヨーロッパ近代は、ヨーロッパ以外の地域にまで大きな影響をあたえ、またわれわれが生きている現代にまで大きな影響力を及ぼしてきた。その根本的な理由の一つが、ヨーロッパにはじまる工業化であるという点は、おおかたの人が納得するところであろう。一六世紀、一七世紀に、ヨーロッパ諸国がアジアに進出していったとき、ヨーロッパ側からは売るべき商品がほとんどなかった、ということにはすでに言及した。しかし一八世紀を境目にして、一九世紀には、この状況は大きく変わっていた。一九世紀のヨーロッパでは、それまでの農業中心の経済状態からの離陸現象が起こり、本格的な経済成長が起こることになる。こうして一九世紀の世界は「ヨーロッパの世紀」といえるほど、地球世界の動向にヨーロッパが大きく主導権をもって関与するようになるのである。

こうした状況の変化に先鞭をつけたのが、一八世紀後半にイギリスで開始された「産業革命」といわれる経済社会の構造的な変化であった。この変化は、一九世紀後半から世紀末までには西ヨーロッパの多くのところで経験され、しかも、一八七〇年代なかばにはじまり九〇年代なかばころまで続く世界的な不況局面を乗り切るなかで、ヨーロッパの主要工業国は継続して第二次産業革命といわれるような、さらなる構造変化を経験することになる。

生産をめぐる状況も、地球規模での貿易のあり方や支配従属関係も、質量ともに膨張する、いわゆる帝国主義の時代といわれるような状況が生じるわけである。この帝国主義の問題はもっとあとの章にまわすことにして、本章では、こうした構造的な変化をもたらす要因となった工業化のプロセスと、それが社会にもたらした変容のポイントを、押さえてみることにしよう。

1　イギリスにおける産業革命の開始

工業化を最初に開始したのがイギリス経済であったことは、多くの方が知っておられるところであろう。産業革命は一八世紀後半のイギリスにはじまる、ということは、日本の高等学校の世界史のあらゆる教科書にも、ハンコで捺したように書かれている。

産業革命とはなにか、というと、ようするに、つぎのようにいえばよいであろう。ものの生産が機械によっておこなわれる。その機械を動かす動力もまた、機械を用いて自然力以外の力を人工的に作り出すことで供給し、そうして多くの機械を一か所に集めて一度に大量に、能率的にものを作り出していく。機械制の大工場、である。このような機械によって大量に生産されたものが供給されることで、ものの消費のあり方も変化をこうむる。商品を動かすための流通のあり方、あるいは原料を大量に入手し動かすための仕組、こういったことも、変化せざるをえなくなる。そして、人力を超えた機械でものを作るということは、人が働くということのあり方も、変えていくことになる。

もちろん、機械化のはじめから、あのチャプリンの「モダン・タイムス」という映画でおもしろくも悲しく描かれていたような、機械の流れ作業の動きに人のほうが流されていく、というような現象が現われたわけではない。むしろ、初期の機械は自己制御が可能だったわけではないので、かえって機械の扱いに習熟した熟練職人に近い労働者を必要とした。働くものすべてが、単純作業の労働者になってしまった、などということはなかった。しかし、それまでの手仕事の世界とは違って、自分自身の仕事のリズムにそって働くのではなく、機械のリズムにあわせた労働が求められるようになった、という本質的な変化が生じたことも、またたしかであった。

経済生産の現場だけでなく、流通や消費、あるいは労働のあり方を含めた社会全体の変化がもたらされたということで、動力機械を用いた工業化にはじまる変化を、産業革命というわけである。しかし最近では、経済史や社会史のほうからは産業革命否定論などもいわれている。

どういうことかというと、たしかに一八世紀なかばからイギリスでは、各種の紡績機や力織機がつぎつぎ開発され、実用化されるようになっていった。他方で、新しいエネルギーとして、石炭の火力で水を沸騰させて蒸気を作る機械も作られ、実用化されるようになった。ジェームズ・ワット（一七三六―一八一九）がピストンの往復運動を回転運動に変えることに成功したのは、一七八一年である。それによって、蒸気の力が生産工場や輸送において、機械を動かす動力として活用される時代が開けたわけである。

しかし、産業革命否定論者がいうのは、こうした発明がなされ、機械が生産に使われるようになったのはたしかだとしても、すぐに蒸気力が主流になったわけではない、はじめのうちは一九世紀にはいっても水力のほうが主流であった。機械にしても、綿工業では普及しはじめるけれども、全体として主流になったわけではない。機械自体の生産も、まだ量的にもたいしたものではなかった。したがって、消費や流通、労働の変化というのは、一九世紀の後半までを視野に置いたときに、本格的にいえることである。農業生産との関係にしても、そんなに急激に、工業生産に主流の位置を譲ったわけではない。こうした変化は、一世紀ほどのスパンをとってみたときにはじめていえることであって、革命という表現は、それには馴染まない。

おおまかにいうと、ほぼこういう議論である。この否定論が指摘する実態は、たしかにまちがってはいない。

表８－１　イギリスの綿工業（紡績・織布）労働者数

	工場労働者数	家内労働者数	推定総計
1810年	100,000（人）	200,000	300,000
1830	185,000	240,000	425,000
1850	331,000	43,000	374,000
1860	427,000	10,000	437,000

（J. M. Gaillard et A. Lespagnol, *Les mutations économiques et sociales au XIX*[e] *siècle, 1780-1880*, Paris, 1984を参考に作成）

たとえば、イギリスの綿工業（紡績・織布）における労働者数の推移を示した表８－１をみてみよう。一九世紀なかばで大きく転換しているのがわかる。それまでは、紡績機械化が先行して糸が大量に生産されるようになると、織布については家内工業でも簡単に生産できる条件がかえって整ったのである。織布における機械化が大きく展開するようになると、はじめて工場生産の世界が圧倒したのであった。機械化の先陣を切ったイギリス綿工業でも、このような状態だったのである。

しかし、では産業革命という概念を否定して、工業化の過程一般にならしてしまっていいのか、というと、私は、この産業革命という概念は使ってよいのではないか、という意見をもっている。もちろん、経済的な構造変化やそれにともなう社会的な変化は、革命といっても、政治革命で支配者が変わるとか、政治体制が変わるというのとはちがって、そう一年や二年でどうなるというものではない。これは当然である。ほぼ一世紀近くをかけて大きく変化していった、というものであるのは、先ほどもいったように否定論者がいうとおりであった。にもかかわらず、革命という激変を思わせるようなたとえを用いてもよいというのは、人類史の長いスパンで考えたときに、ここで起こった構造的な変化は、きわめて本質的なものであった、ということがいえるからである。

いまから八〇〇〇年前から九〇〇〇年前に農業が開始されたことをもって、食糧生産革命といったりする。ちょうど新石器時代にはいるころであったので、新石器革命ともいわれることがある。これもまたあたりまえであるが、一年や二年で変化したわけではない。にもかかわらず革命というたとえが用いられるのは、この変化が人類史にとってきわめて大きな、本質的構造変化をもたらしたからである。産業革命についても、同様の理解が必要だと、私は考えている。

さて、ではなぜその産業革命は、イギリスから開始されたのであろうか、ということが問題になる。これについては専門の経済史家のあいだでも、いろいろ解釈があって、いまだに結論があるわけではない、というのが正直なところであろう。ただ、いくつかの要因が重なりあって生じた、ということはたしかであった。五点にしぼって整理してみよう。

第一に、農業革命がはたした役割が指摘できる。すでに第3章で簡単にみたように、農業技術や品種改良にもとづいて、市場向け生産農業の拡大があった。これによる食糧事情の劇的な変化と、ヨーロッパ内での食糧輸出入の拡大がみられた。細分化した形で貸し出されていた農地を地主が「囲い込み」によって整理し、農業の大規模化と資本の蓄積が進展し、さらに工業化に不可欠の労働力の創出がなされ、かれらの都市への移住がうながされたのであった。

第二に、第一と関連して人口の急増がある。食糧生産の発展を受けて、労働力が豊富に準備されたことの意味は大きい。

第三に、技術の進歩。これは一八世紀に突然起こったわけではない。ルネサンスから一七世紀の「科学革命」をへて蓄積されてきた技術が大きくものをいった。工業化の開始にとって、機械仕掛けの時計の製作が注目に値することには、すでに第3章でふれたところである。

ここまでは、イギリスが先陣を切った地域に属していたのはたしかだとしても、しかしイギリス固有なことではない。

第四に、一八世紀の商業革命による資本蓄積が指摘できる。機械などへの設備投資、すなわち資本の固定化が可能になるには、相応の十分な資本の蓄積が必要であることは、いまもかつても変わるところはない。それが、「世界の工場」となる前提であった。これもイギリス固有とはいえないが、すでにみたように、世界の経済覇権をめぐる抗争でオランダやフランスを抑えて、イギリスは断然優位にあった。

第五に、すでに言及したように立憲王政による政治的安定も指摘できる。イギリスとてすべて平穏だったわけではないし、国家財政の赤字は他の諸国と同様であったが、一八世紀後半から政治的安定という点でイギリスが例外的な位置を占めたことは、やはり否定できないであろう。

もう一点、あえていえばイギリスは、ヨーロッパのなかでも辺境に位置する小さな島国であったということが、かえって革新、あるいは構造的変化をあらたに生み出す起動力につながった、ともいえそうである。辺境革命などというと、いささかいいすぎかと思われるが、しかし農業を基盤とした経済発展にとって条件がそれほどよくなかったことが、かえって海の外への積極的展開をうながし、ものの生産における工夫や刷新を生み出す力になったという解釈は、ありえるかもしれない。

じっさい「世界の工場」ともいわれる圧倒的地位を確保したあと、その支配的地位ゆえに一九世紀末ころからは、かえって「イギリス病」ともいわれるような、経済や社会における活気を喪失する現象も、指摘されるようになる。

2　大規模工業の発展

機械化による工業生産で先陣を切ったイギリスは、ほかの国にたいして、圧倒的に有利な位置を占めることになる。ほかの後発の資本主義国家は、先行しているイギリスの経済力に対抗するために、経済の効率化と工業発展を追求しないわけにいかない状況になった。こうして一九世紀には、多くの国で産業革命が推進されていくことになるのである。

その場合、自由競争ではイギリスを先頭とする先発の資本主義国に負けてしまうので、後発の多くの国家が保護関税体制をとったり、あるいは政府主導による産業育成政策をとって、国内産業の成長をうながすことになった。殖産興業である。そして商品を売りさばくための市場を確保するために、あるいは生産の前提となる原料のたぐいを確保するために、力ずくでも負けないようにと強兵政策が採用されるようになる。富国強兵・殖産興業という戦略は、明治日本だけではなかった。

一九世紀を通じての蒸気機関の普及について、表8-2の数字で確認してみたい。固定ということは、交通機関のものは除いて、生産用ということである。一九世紀なかばまでのイギリスの圧倒的な優位、世紀末にかけてのドイツの急追が、とりわけ印象的ではなかろうか。

蒸気機関を動かすため、あるいは鉄の生産に用いるために、石炭の生産についても一九世紀後半に急激な増加がみられた。鉄の生産についても、世紀なかばにその方式が技術的に革新された。鉄は、各種の機械化のための機械の生産に、そしてまた鉄道や船舶に、大砲など軍備に、大量に使われるようになり、さらに世紀末からは建築にも広く本格的に使用されるようになっていった。

表8-2　蒸気機関（固定）の増加

	1840年	1860年	1888年
イギリス	350,000（馬力）	700,000	2,200,000
ドイツ	20,000	200,000	2,000,000
フランス	34,000	178,000	796,000
ロシア	10,000	60,000	300,000

（J. P. Rioux, *La Révolution industrielle 1780-1880*, Paris, 1971を参考に作成）

一八七〇年代なかばからはじまる長期の世界不況を乗り切るなかで、工業諸国はいっそうの経済構造の変化を経験する。世紀末になると、化学工業や電気工業も台頭しているのである。傾向として指摘できるのは、大規模工場の増加であった。旧来の職人仕事とは根本的に異なる労働のスタイル、危険度の高い労働環境が現われた。あらたな労働要件に応じた階層的性格が、労働者のあいだにも生じることになった。

こうした大規模な工業化の展開において、イギリスを急追したドイツの事例は、典型的な国家主導型をなしていた。フランスはいわば中間型であった。先行するイギリスは、文字どおり自由型である。自由競争こそが、イギリスにとっての優位を保証する時代だったのである。

商品市場の拡大整備という点でも、可動性の高い労働力市場の確立という点でも、あるいはまた情報の流通という点でも、各国内では国内市場の整備が追求された。それは、鉄道敷設の推進とも軌を一にしていた。鉄道は鉄の生産消費の拡大を意味していたと同時に、国内の経済体制確立のうえで重要な位置を占めていたといえる。

3　輸送革命

鉄道の敷設についても、産業革命で先行したイギリスで、いちはやく発展がはじまった。一九世紀なかばまでにイギリスでは、鉄道はかなりのネットワーク化が進んでいた。そのころ大陸諸国では、まだ幹線の路線がいくつか敷かれた程度で、鉄道網といえるほどのネットワーク化が進行するのは、一八五〇年代以後、七〇年代にかけてのこととなる。

鉄道がネットワーク化されてくると、移動が容易になるだけでなく、それまで狭い範囲で生活が成り立ってきた地域の孤立に、変化をせまることになってくる。情報伝達の迅速化、国内市場の一体化、輸送と移動の簡便化、といった鉄道敷設のメリットが社会のあり方を変えたという点については、すでにふれてきたところである。

そうした変化は、また、社会意識をも変えるのにかかわってくる。時間意識や時間の感覚の変化である。たとえばスピード感覚の変化、時計の細かな時間にあわせる行動様式、時刻表を読み、それにそった行動を予定する姿勢。そしてなにより、鉄道のネットワーク化は標準時の設定を必要とし、まずは国内的な統一時刻表示が鉄道の世界から普及するようになるのである。

現在われわれの世界で、時間が標準時で同調されていないと、社会や経済にかんする基本的な活動は不可能になってしまう。たとえば、コンピュータ・システムは大混乱、国際金融市場などは成立不可能となるし、テレビをはじめとした情報も、あるいは学校なども、仕組が成り立たない。

リヴァプール・アンド・マンチェスター鉄道の開業記念列車（アルフレッド・B・クレイトン画、1830年）

国際標準時をイギリスのグリニッジを基準にして設定するという決定は、一八八四年の国際子午線会議でなされるのであるが、グリニッジになったというのは偶然ではなかった。地球は丸いのだから、グリニッジでなければならない物理的理由などはない。理論的にはどこに経度ゼロを置いても不思議はないのである。それがイギリスのグリニッジになったのは、つぎのような理由が考えられる。

イギリスの鉄道会社が、国内での標準時システムをいちはやく採用して実用化していたということがあった。そしてなにより、一九世紀の国際経済と政治においてパックス・ブリタニカといわれるような、イギリスの主導権があったことが、大きな理由であった。だからこそ、長年イギリスと張りあっていたフランスなどは、二〇世紀はじめになるまでこれを認めず、パリを標準とすると主張し続けていたわけである。

鉄道の敷設には、国内治安の確保、すなわち軍隊移動を容易にする、といった政治的理由もあった。ヨーロッパ大陸の場合には、ドイツなどで典型であるが、万一の隣国との戦争に備えて、国境地帯にいちはやく軍隊を輸送できるような路線を確保する、という展開もみられることになる。

すでにふれたように、鉄の生産や関連産業の育成、市場統一、といった経済的な要因も鉄道建設には大きく作用していた。鉄道建設は大規模な工事が必要であるので、それは重要な投資先でもあった。国内だけでなく、大規模な国際的投資対象ともなったのである。フランスからのロシア鉄道建設への投資は、そのはっきりした事例である。

いずれにしても、国家政治による関与が明確にみられた分野であった。先述した工業化の展開全般と同様、鉄道建設についても、先行したイギリスでは国家は不干渉、ドイツ・ロシア・ベルギーなどでは国家干渉型、そしてフランスは中間型で、時期と路線によってちがっていた。

鉄道だけでなく船舶輸送についても、移民のところでふれたように、一九世紀のとくに後半はいちじるしい発達がみられ、海を渡ることは、もはや危険でも冒険でもなくなるのである。一九世紀末の自動車の開発については、もう少しあとの章でふれることにしよう。

イギリスを先頭に開始された産業革命は、一九世紀を通じて、このイギリスに追いつけ追い越せという具合に、他の欧米諸国でも推進されていった。世紀末まではアメリカ合衆国が工業生産力でイギリスを凌駕し、ドイツも肩を並べるくらいに成長した。そうした競争の結果、欧米諸国はぬきんでた経済力や軍事力をつけて、世界に君臨することになる。それがどのような問題と可能性を世界にあたえていくことになるのか、それはこのあとの章でみていくことにしたい。

9　農村のヨーロッパと都市のヨーロッパ

工業化における先行ゆえに、ヨーロッパは地球世界において圧倒的な経済力を誇ることになり、一九世紀には「ヨーロッパの世紀」ともいえるような状況が生み出された。その工業化の社会的側面として、都市化が進行したことにもすでにふれた。しかし、では一九世紀からヨーロッパは、まったく都市的な社会となってしまい、一八世紀までの農村を基盤とした社会のあり方、人びとの生き方は、まったく姿を消してしまったのか、というと、ことはそれほど単純には移行していかなかった。

現在でも、じつはヨーロッパ各国の田園風景には、とても豊かなものがある。旅行などでパリやロンドン、あるいはミラノとか、大都市ばかりを眺めていると、よくわからないのであるが、すこしゆっくりと田園地帯を旅してみると、それぞれの地方が、それぞれに特色をもった農業を展開していることがわかる。もちろん、いわゆるグローバル化のなかで各地の農業がかかえている問題にも深刻なものはあるが、それでも、われわれは豊かな畑や牧草の緑に、目を奪われないわけにはいかない。そして田園地帯のなかに点在する地方の小さな町が、しばしば地方色豊かな、とても素敵な姿をもっていることにも、大都市のヨーロッパとはちがう魅力を感じることができる。

本章では、われわれが問題としている一八世紀から一九世紀にかけての近代ヨーロッパにおける、この農村と都市の関係、工業化と農業の関係について、おもに農村、農業のほうに軸をおいて、みてみたい。

1　農村世界の持続と変貌

イギリスなど北西ヨーロッパから、農業革命ともいえるような、農業における大きな刷新の動きがはじまったことについては、すでにふれた。技術改良や農法の変化、それは一九世紀には、作物への肥料の変化や家畜への飼料の変化へと発展していき、農業全体の機械化への展開も起こってくる。そうして、農業の生産性は、ヨーロッパの長い歴史においてやっとといってよいであろうが、大きく進歩していった。一九世紀のなかば以降に本格化する鉄道など交通機関の発達は、農産物の市場を大きく広げ、こうして農業もまた、工業化の展開のなかで変化をとげていくことになる。

きわめて大まかなスケッチとしては、このような変化を指摘することができる。ただしこの展開は、ヨーロッパ内部においては、たいへん大きな偏差をともなっていたという点に、まず注意しておきたい。

たとえば、北西ヨーロッパにおいて、一八世紀から農業革命といわれるような変貌のなかで農業の大規模化が開始されていたころ、東のロシアでは、農奴制がむしろ強化されるかたちで、大規模な農業が営まれていた。

しばらくまえまで歴史学では、この時期における東ヨーロッパでの農奴制強化のことを、再版農奴制といっていた。しかしこれはどうも、中世に農奴制があってそれが近世までにすたれ、再度復活したとする、西ヨーロッパに軸を置いた見方のようである。というのは、東ヨーロッパにおいては、この時期にこそ農奴制が確立したのだ、といえるからである。この農奴制は、すでに穀物輸出という、国際商業の展開を視野に置いたうえで強化されたものであった。したがって、この時期の世界の資本主義的な経済展開の内部に組み込まれていた、といえる。ただし、工業化に向かって進んでいる地域の経済にたいしては、従属的な位置にあった、ということもたしかであった。

ロシアの農奴解放は、制度的には一八六一年になってやっと、皇帝からの勅令で実現される。それによってすぐに、近代的な農業経営や、西ヨーロッパの場合のように自由な労働市場の形成に、つながったわけではない。しかしそれでも、その後のロシアにおける資本主義の発展に、一つの基盤をあたえていったものと見なされている。

ヨーロッパ内の偏差という点では、こうした西と東の相違があったのであるが、それだ

これは、18 世紀末から 19 世紀はじめにかけてのブルターニュ地方の農村での打穀の様子を描いている。同様の方式は、このほぼ 100 年後のブルターニュ農村習俗を撮影した写真にも残されている。しかもこの蝶番で真中から折れ曲がる「くるり棒」は、日本の農家でも 20 世紀なかばまで使用された地域があったことが、日本の民俗学調査で記録されている。(A. Bouët et O. Perrin, *Breiz-Izel ou Vie des Bretons de l'Armorique*, Paris, 1844 より)

けではなかった。西ヨーロッパの内部、あるいはおなじ国の内部でも、それぞれの農村の立地条件の差異などによって、一九世紀には農業のスタイルの相違、農村生活のあり方の相違は、相当に大きなものがあったといえる。

もっとも大きく変化した先には、農業労働者を使用する大規模な資本主義的農場経営があり、しかしまだ圧倒的多数は、農業をめぐる環境の変化のなかで変貌しつつも、それまで持続してきていた農作業のやり方だの、生活のスタイルを保持していた。大まかにいうと、そういえる。じつはヨーロッパにおいては、一九世紀のなかばから後半にかけて、どの国でもそれぞれに、民俗学の研究がさかんになってくる。フォークロアである。このフォークロアという言葉自体、一九世紀なかばのイギリスで考え出された造語であった。

この学問は、それぞれの地域の学校の先生や医師、文筆家といった、在野の知識人を重要な担い手として、いまからみるとたいへん貴重な、おもしろいデータを、おもに農村生活のなかからいっぱい集めてくれている。データを集めた人たちの関心には、近代的な考え方や行動の仕方からするとどうも異質な感じを受けるもの、おそらくは伝統的に、慣習的に、その地域に根づいてきたものを、このまま放置しておけばいずれ消滅してわからなくなってしまうから、なんとか記録にとどめておこう、あるいは次代に伝えよう、といった動機をうかがうことができる。

日本でも柳田國男をはじめとして、大正から昭和の初期にかけて民俗学の研究がさかんになされるようになるが、それに半世紀ほど先行して、一九世紀後半にはヨーロッパの文字どおり各国において、民俗学の研究がさかんになされるようになったのである。

つまり、すでに近代的な考え方、行動の仕方を身につけた人たちからすると、農村部には依然として、伝統的とみえる習俗が、農作業をめぐっても、お祭りの仕方や近所づきあいのあり方などをみても、いろいろな形で生き続けていた、あるいは民話や伝承の世界が息づいていた、ということになる。少なくとも民俗学の対象としてそれらを研究しようとした人びとには、そのようなものとみえたのである。これらの点については、のちほどまた簡単にふれることにしよう。

2 農業経済と産業経済

ここで、すこし観点を変えて、工業化のなかで農業、あるいは農村がどのように変わっていくのか、数字で、状況の変化の具合を押さえておきたいと思う。

労働人口に占める農業従事者の割合を示した表9－1をみてみよう。工業化がいちはやく展開し、農業の大規模化もすすんだイギリスの場合が、表からただちにわかるように、農業従事者の減少でも抜きんでていた。概数であるにせよ、これだけ数字が変化しているということは、イギリスの場合には一九世紀を通じて、農業をめぐる環境は激変したであろうということがわかる。

フランスの場合などでは、やがて二〇世紀の第二次世界大戦後の戦後復興が展開するなかで、農業に従事する人口は一〇パーセントを切るようになるわけであるから、それにくらべるとイギリスの場合には半世紀も早かったわけである。もっともフランスの場合には変化が緩慢だった点こそが、特徴的であった。一八七〇年代なかばからの世界大不況の局面とそこからの脱出において、産業構造の変化が明確に生じるドイツの場合とくらべると、フランスでは農業における変化はそれほど急激には生じていなかったということが、表の数字からだけでもうかがえるであろう。

しかし注意したいことは、農業従事者の減少は農業生産が軽視されるようになったことをただちに意味するわけではない、という点である。大規模化や機械化、あるいは生産作物の転換などといった要素が、従事者の減少にはおおいに関与しているからである。現在においても、ヨーロッパでは、さまざまな問題をかかえながら農業と食品関連のビジネスは重要な産業として位置している。しかし社会的な職業構成上は、工業や商業、サービス業の比重がうわまわってくる現代型の社会への移行は、一九世紀からあきらかであった。

つぎに、農村人口と都市人口の割合を示した表9-2をみてみよう。取られた統計年度が一様でないのですこしわかりにくいが、イギリス、ドイツ、フランスいずれの場合にも、都市化の趨勢は歴然とわかるであろう。ここでも、イギリスの先行と、ドイツの追随、フランスの緩慢さが目につく。ロシアの場合には、第一次世界大戦が勃発した一九一四年の時点でも、農村人口は総人口の八割を占めていた。

ただし、一九世紀の統計では都市といっても、国によって若干異なるが人口が二〇〇〇

表９－１　労働人口に占める農業従事者の割合（%）

	1820 年	1850 年	1870 年	1910 年
イギリス	46（%）	22	15	6
ドイツ	80	65	49	18
フランス	75	64	49	42
アメリカ合衆国	75	65	50	33

（J. P. Rioux, *La révolution industrielle 1780–1880*, Paris, 1971 を参考に作成）

表９－２　農村人口と都市人口の割合（%）

		農村	都市
イギリス	1851 年	52（%）	48（%）
	1881	37	63
	1911	27	73
ドイツ	1871	64	36
	1891	47	53
	1911	40	60
フランス	1851	75	25
	1886	64	36
	1911	56	44

（J. P. Rioux, *La révolution industrielle 1780–1880*, Paris, 1971 を参考に作成）

から二五〇〇が閾値と見なされていたから、ほんとうに小さな町でも都市に含まれる。逆に地域によっては、町に住んでいる人でも、近郊の農地に働きに出る農民が相当に含まれるような場合もある。地理学者によってアグロタウンといわれるような都市の場合である。したがって、あくまで趨勢として理解することが必要であろう。

ヨーロッパの場合、人口二〇〇万を超えるような大都市はもちろん、一〇〇万を超えるようになった集住地はごくわずかで、二〇世紀はじめでもロンドン、パリ、ベルリンなど、数えるほどしかない。

むしろ、それぞれの地方における中心都市が大きな意味を持ち続けて、歴史的な中心街区を核として存続していた。つまり、多くの場合、歴史的な景観も保持されていた。地域生活においても景観のうえでも、この歴史的な性格が壊されるのは、二〇世紀の大きな戦争による破壊とか、二〇世紀後半に起こる近代建築の侵入やモータリゼーションの展開とかのゆえにほかならない。二〇世紀はじめの写真などをみてみると、どこの都市でも、じつにゆったり、のんびりした雰囲気をたたえているのがわかるはずである。

都市化の進展ということは、産業革命の展開による経済生産と社会生活の変化が、この時期に生じたということの表われであった。国による時間的な差は大きかったといわなければならないが、ヨーロッパでは一九世紀に、経済構造が農業経済中心から、工業化を経て産業経済中心にシフトしたのである。それを端的に示してくれるのは、経済不況がどの

表9－3　古い型の不況と新しい型の不況

古い型の不況	新しい型の不況
不作と食糧危機	過剰生産・過剰投資
供給不足による食糧価格高騰	過剰供給による価格崩壊
地域的・一国的な規模	全国的な規模
周期的な性格はない	周期的な性格を示す
飢饉と死亡率上昇	倒産と失業率の増加

ような形で引き起こされたか、ということである。景気動向を基本的に左右するのが、農業生産の動向ではなく、工業生産の動向に移る、ということである。

表9－3に示したように、古い型の経済不況は、農業不作が引き金となって食糧危機がもたらされ、供給不足による食糧価格の高騰が引き起こされる。それが、社会危機をあおると同時に、経済活動全般の収縮の原因になる。それにたいして新しい型の経済不況は、過剰生産や過剰投資によって、いわば過剰な供給が引き起こされ、価格が崩壊する。過剰な商品がだぶつき、投資は焦げついてしまう。こうした悪循環が経済全体の混乱の原因となる。

古い型においては、農業不作が引き金であるから、全ヨーロッパ的な規模になることはまれで、多くは地域的、ないしはせいぜい一国的な規模であり、天候不順や病害、戦乱による混乱などが不作の原因であった以上、周期的な性格を示すものではなかった。それにたいして新しい型では、経済規模がすでにグローバルな関係のなかにあるがゆえに、つねに国家を超えた展開になる可能性があり、一八七〇年代なかばからの大不況がそうであったように、世界規模になることもめずらしくない。周期的性格については、経済学者のあいだでも議論はつきないが、好況と不況の周期性が多かれ少なかれ実態的に指摘されていることだけはたしかである。

古い型にともなわれる社会的な危機は、飢饉と死亡率の上昇であり、あるいは食糧暴動や一揆であったが、新しい型には、企業倒産と労働者の失業がつきものとなる。こうした変化がいつごろから起こってくるのかについては、国による偏差もあり、また両方の型の重なり合い状態もあって、一様ではない。しかし、先述のように一八七〇年代なかばから一八九〇年代にかけて生じた世界大不況は、欧米にかんするかぎり、古い型から新しい型への構造上の変化がすでに生じていたことを示すものであった。

産業経済においては都市が基盤となる。その都市では、一九世紀後半からはデパートなどの大型消費施設が姿を現わし、都市を発信地として、通信販売なども積極的に展開されるようになる。

しかし、こうした経済の変化で裕福になった成功者と、労働者との格差はたいへん厳しいものがあった。たしかに労働者家族も、重要な消費者として認識されるようになっていく。工業化の初期のように、もっぱら収奪される対象ではなかった。初期のように労働時間が一日あたり一二時間はあたりまえ、というようなひどい状態ではなくなっていった。

しかしそれでもなお、一日あたり八時間の労働は、二〇世紀はじめでも労働運動の最重要な要求項目であり、労働現場の安全性などをめぐる立法措置や社会保障は、多くの国において課題であり続けていた。

ヨーロッパ各国では、一九世紀末から労働運動が活発になり、社会主義政党が拡大していくのであるが、その背景には、このような状況があったのである。

3　農村習俗の最後の輝き

これまた国による時期のちがい、地域による時間差が大きいのであるが、先ほどもふれたように、各地の農村に伝承されてきていた生活の仕方、一年の過ごし方、一生の移り行きの様子、こういった習俗が、早いところでは一八世紀末から、遅いところでは第一次世界大戦を超えたあと、姿を消していくことになる。あるいは、姿を決定的に変えていくことになる。

では消える以前の生活の仕方は、どのようなものだったのであろうか。詳しくみている余裕はないが、たとえば、一生の過ごし方のリズムは、個々人が好き勝手に自由に振る舞っていたのかというと、そうではないほうがふつうであった、といえるであろう。

カトリック教会の影響が強い地域、ないしはカトリックの教えが受け継がれていたところでは、新生児には、一般にかなり早い段階で洗礼が施された。新生児洗礼の伝統である。一九世紀、とくに後半にもなると、各地の地域医療にたずさわっていた医師は、その地域にとっての近代的な考え方の伝道者という位置を占めるようになるが、かれらは、こうした新生児洗礼の危険を説いた。極端な場合、生まれて数日のうちに教会まで連れて行かれて洗礼を施されるということは、その新生児への危険がともなわれたからである。しかし伝承を重んじていた人びとにしてみれば、そうして洗礼を施すことで、キリスト教徒の共同体内部に受けいれ、新生児に社会的な生の認知をしてあげる、十全な存在として認めてあげる、ということを意味していたと思われる。洗礼なしに死んだ場合、その子は正式なキリスト教徒ではないがゆえにその魂は救済されず、宙をさまよわなければならない、とも信じられていた。そう民俗学者は報告している。

こうした事例のように、伝承されてきた行為の論理と近代的な思考とが、ぶつかりあう局面がさまざまに生じていたのが、一九世紀であった。初等教育が義務化される一九世紀末になると、小学校には六歳ころに入学するわけであるが、伝統的にはその年ごろから、すでに周りの農作業や家事の手伝いをして、大人の世界を学びはじめるのが通例であった。学校教育がはいってくることで、状況はずいぶん変化を余儀なくされたはずである。中学校についても同様である。それまでの見習い作業や、一種の丁稚奉公のようなやり方は、だんだん変わらざるをえなくなる。

もう一つ変化をもたらしたのは、兵役にでなければならない場合であった。これは、文字どおり生活環境から引き剝がされるのであるから、若者にはあらたな経験の世界のはじまりであった。直接的には男性のみにかかわることであったが、兵役にでる若者を見送る際には、村全体で一種のお祭りのような出来事になったところもあった。若者の兵役や出征は、村や町での生活の維持や結婚にもかかわっていたからである。

結婚についても、当事者やせまい範囲の家族だけの儀式ではなく、ひろい範囲の親族や、近隣の人たちを含めた一大儀礼だったといってよい。葬儀の場合も、まったく同様のことがいえる。

一般的にいって、所帯主である家長、ふつうは父親であったが、かれら同士の近しいつきあい、ないし寄り合いのようなものがある場合がかなりあった。それは多かれ少なかれ共同体的な連携が重視されていた社会では、重要な位置を占めていた。妻たちもまた地域の内部で横のつながりをもっており、子どもたちもまた、それぞれの年齢段階に応じて、横のつながりを濃密にもっていた、というのが一般的であった。ようするに地縁的な結びつきを前提にした、年齢的な、あるいは社会的な位置のちがいによる人間関係が濃厚であった、ということである。

どの時点から変化がはっきりと生じてくるか、という点では微妙であるが、これらをしがらみと感じるような感覚もまた、現われてくる。ヨーロッパ内でも地域差はきわめて大きかったが、二〇世紀はじめまでにあっては、多くのところでまだ地縁的な関係が濃厚であったことは、かなり一般的にいえるのではないか。少なくとも、民俗学者たちの調査からすると、そうである。

一年のなかの祭礼も、おもに若者たちを担い手として、季節の変化に応じて、また農事暦の進み方に応じて、一九世紀の農村ではかなりのものが維持されていた。

たとえばカーニヴァルもその一例である。これは、農村においては、冬を送り出して春を迎える意味をもつ祭りであった。カトリックにおいては、復活祭のまえ四〇日間は「四旬節」という精進期間であったが、その期間にはいる直前にたらふく飲み食いして大騒ぎする、という、たいへん民衆的なにおいのする祭礼である。カーニヴァルにおいては、熊が登場したり、張りぼてが行列したり、あるいは男女や貧富が逆転して演じられたり、それぞれの場所に応じた伝統的な方式が形成されていたが、いずれにせよこうした祭礼は、村ぐるみ町ぐるみのものであった。

別の例では、五月一日の祭礼をあげることもできる。いまではメイデーとして、労働者の祭典、ということになっているが、このメイデーは一九世紀末に労働運動や社会主義運動が高揚するなかからはじめられたもので、それまでの五月一日は、農村における豊穣儀礼の一つとして、また春が本格化して夏を迎えるためのお祭りとして、位置していたものである。おもにアルプス以北の各地で、この日には若い木を切り出して押し立てる、というような方式がとられていた。メイ・ポールといわれたり「五月の木」といわれたりしている。町や村の未婚の若い男女が、主役となる祭礼でもあった。作物の豊穣と、人の社会の豊かな繁栄とが、かけあわされて祈られたのである。

まだまだ事例をあげることはできるが、紙幅の関係があるので、ここではこれまでとしよう。すでにふれてきたように、こうした農村をとくに基盤とする習俗の世界は、ヨーロッパにおいて一九世紀をその輝きの最後の時代とみてよい、と思われる。ところによっては二〇世紀をかなりすすんだ時点まで存続し、ところによっては、一九世紀にはすでに残滓といった状態であった。

換言すれば、一九世紀までは近代ヨーロッパといっても、農村の占めるウェイトはかなりのものがあって、それは経済生産のうえからのみではなく、社会生活面での習俗という点からもそうであった。あらたに都市の住民となった国内での移動者たちも、多くは農村出身者であり、かつての習俗をそう簡単には打ち捨てなかったからである。

10　科学技術の実用化と産業文明の成立

観察の重視や技術的な工夫の進展が顕著に現われはじめたルネサンス期、さらに一七世紀のいわゆる科学革命といわれる時代、これらを経てヨーロッパでは、科学的な実験や発見、発明が積み重ねられてきた。技術的な先進性と優位とが、一九世紀を「ヨーロッパの世紀」とするうえで大きな意味をもったことについては、すでに言及した。

他方、前章までにおいて、一八世紀後半からの工業化が、どのような社会的な変容をヨーロッパ内にもたらしたのか、という点についても一瞥してみた。科学技術の発展と工業化の進展とが、たがいに切り離すことのできない関係にあることは言をまたない。

一九世紀、とくにその後半には、科学技術の進歩は急速に展開を速めだした。しかもその進歩は、ただ理論上の解明であるとか、実験室のなかでの確認であるとかに、とどまってはいなかった。いわば学者の頭や実験室を出て、現実の社会や経済を大きく変貌させるような実用化の段階にはいっていった。ふつうに生活の場にも応用されるようになったことで、人びとの暮らしのあり方、行動の仕方、あるいはものの考え方、といった面をも、大きく変えはじめたのである。

つまりこの時期から、たんに学問としての進歩が決定的になった、というだけでなく、また生産現場での状況が決定的に変化したというだけでなく、さらにまた経済的に、決定的に工業化が高度なものに進みだした、というだけでもなくて、人間の生活や価値観の世界までをも大きく変えていく、そういう文明的な変化が生じた。そう私は評価している。それが、本章のタイトルにある産業文明の成立ということである。

われわれが生きている二一世紀のいまは、その産業文明からつぎの段階へと展開する文明史的な転換点にある、とも私は考えているのであるが、われわれがここまで馴染んできた生活のなかでの技術、その前提になるような科学的な解明が、この一九世紀後半から二〇世紀のはじめにつぎつぎと姿を現わし、それらの原型はほぼ出そろったといっても、大げさではない。

1　科学技術の進歩と応用

進歩した科学技術の応用が、産業文明の成立にとってきわめて根本的な条件であったことを納得するには、たとえば、電気の実用化という点を想起すればよい。

すこし考えてもみよう。たとえば地震や台風で、電気がまったく通じない状態になったならば、いかに現代の生活が不自由なだけでなく、長期化すればほとんど不可能に近いかということを。夜の闇がいかに暗いか、と再確認させられるだけではない。冷蔵庫や電化製品のすべて、コンピュータがいかにすぐれものでも、電源がはいらなければただの箱に等しい。携帯電話でも同様である。充電できなければ、動かないおもちゃと同様になる。

歴史的に振り返ってみれば、ランプやガス灯しかなかった夜の世界を、電灯がどれほど変えていったか、暗い部屋に変化をもたらすことになったか。社会生活は一変していく。電気が社会のさまざまな場面に実用化されて、生活の様相を一変させていくのも、この一九世紀末からである。

鉄道や船舶の進歩については、すでに何回かふれてきた。はじめは、せいぜい時速四〇キロメートルで走れば上出来であった鉄道は、世紀末には八〇キロで通常走行する世界になってくる。スピードの加速と鉄道のネットワーク化は、移動にたいする人びとの感覚を大きく変えていったのであった。ヨーロッパからの移民のところでふれたように、船舶輸送においても、スピードの変化、船舶の大型化と安定度の向上、これらは、世紀の後半に急速に展開していった。自動車が開発されて急速に改良されていくのも、この時期からである。

われわれにとってはエコロジカルな乗りものとなっている自転車も、はじめは、スピードのある快適な移動というふれこみで人気をえている。前輪と後輪をチェーンでつなぎ、ペダルをこいで、空気のはいったタイヤで走る、いまのような自転車が開発され普及するのが、またこの一九世紀末からであった。

身体の移動だけではなく、情報の移動についても、大きな変化が実現した。電話が発明されて、遠隔地でも肉声でやりとりできるようになる、いまの携帯電話の先駆であるが、これもまたこの時期からである。電信は、もうすこし以前から使用されはじめていたが、世紀末までには、海底ケーブルが地球上の相当にひろい範囲を結ぶようになっていた。いまのインターネットの走りとでもいえるのではないか。

日々の暮らし、日常生活にかかわるところから、わかりやすいいくつかの例をまずあげてみたが、とてもその変化の全貌を、この一章のみで鳥瞰するのは不可能である。ここでは、私が考えるかぎりで、ここが産業文明の成立という点からしてポイントとなるのではないか、というところを、いくつかみておきたいと思う。

2 見えないものを見る

最初のポイントは、「見えないものを見る」という知性の働き、あるいはそれを実現する科学技術への道、ということである。「いったいなんのことか」と思うかもしれないが、以下ですこし考えてみよう。

まず、目に見えない細菌の話からである。いまでこそ、西洋医学などとあらためていわなくても、医学といえば、ヨーロッパで進歩してきた医学、と相場が決まっている。それと区別するために、漢方とか、東洋医学とか、あえていわれているわけである。しかし、その医学、つまり西洋医学が、ほんとうの意味で有効性を発揮しはじめるのは、病気の原因を特定できるようになってのちのことである。もちろん、病気にたいする臨床的な対応の工夫は積み重ねられていたし、天然痘予防のための種痘がジェンナー（一七四九―一八二三）によって開発されたのは、一八世紀から一九世紀に変わるころであった。

しかし、そもそも細菌の存在が確認され、その働きが理解されるようになるのは、フランスの化学者パストゥール（一八二二―九五）が一九世紀なかばに、発酵の研究をおこなうなかで乳酸菌の働きを実証的に確認したことにはじまる。かれの研究は、はじめはブドウ酒の酸化を予防する方法を考案してブドウ酒生産の発展に寄与し、続いて微粒子病の研究によってフランス養蚕業に寄与したのであった。はじめから社会的な実用と密接に関連して、かれの研究が進められていたことが注目される。

そののちパストゥールは、実業よりも人間に直接かかわるテーマに向かった。伝染病予防の研究に打ち込み、殺菌法の開発や予防接種の実施を試みる。なかでも、狂犬病の予防接種の開発を動物実験で確定して、一八八五年には人体にも応用されはじめるところとなる。ただしかれは医者ではなかったので、予防接種そのものは医者との共同研究で進めたのであった。かれの名前がつけられたパストゥール研究所は、つい最近でも、いわゆるエイズウィルスの発見で有名になったが、フランスを代表するだけでなく、世界有数の化学研究所といってよい。

一九世紀なかばから、はっきり道がつけられた細菌学という学問領域が成立していくことになったが、その急速な進歩に貢献し、現代の細菌学の基礎を構成した学者として有名なのは、ドイツのコッホ（一八四三―一九一〇）である。かれは、その功績によって一九〇五年にノーベル生理学・医学賞を受けているが、よく知られているように結核菌であるとかコレラ菌を発見して、その対策に大きく寄与したのであった。あの、ヨーロッパの人口を大きく制限する一因であったペストの病原菌も、こうした一連の発見のなかで、パストゥール研究所でも研究した経歴をもつイェルサン（一八六三―一九四三）によって実現されたのであった。

ここで注目しておきたいのは、パストゥールもコッホも、伝染病対策ということ自体がすでに社会的な活動であったわけであるが、社会衛生にたいして強い関心をいだいており、それを社会秩序の要になるポイントとして議論していた、ということである。かれら化学者や細菌学者だけでなく、医者も含めて、医学にかかわる人びとは、検診による個人の身体衛生や、上下水道など社会衛生と、それを支える合理的な考え方、行動の仕方、あるいは道徳心、という点で、社会にたいして近代的な思考や行動を説いていく、いわば伝道者のような役割をはっきりと自覚している。かつてであれば、宗教者が担っていた役割を、医学にかかわる専門家が担うようになる。それは、科学的な専門家、あるいは技術的な専門家の時代が到来してくることを、象徴的に示す現象であったと解釈できる。

これには、もちろんポジティヴな面とネガティヴな面とがあった。専門的な科学技術の進歩によって、医学の場合でいえば、多くの病気が治せるようになった、対策も取れるようになった、これはたしかである。しかしまた、専門家たちが、外部からはなかなかうかがい知れない閉じられた世界で、一般の人たちからは遠い議論をするようになってしまう。医学の場合でいえば、インフォームドコンセントという表現でわかるように、最近になってやっと患者本位の医療に向かうような動きがでてきている。たいへん結構なことというべきであるが、それほどまでに、いままでが患者本位ではなかったということでもある。

さて、こうした医学の世界での進歩は、肉眼では見えないもの、あるいは外見からでは見えないものを見ることから、思わぬ展開がはじまったものであった。まだ誰にも予想できなかったような、急速な展開が起こっていったのである。

心のあり方についても、じつはこの時期から精神分析の試みが、フロイト(一八五六—一九三九)によってはじめられていた。人間のさまざまな心の動きについては、いつの時代にでも「不思議だなあ」と考えられることはあった。したがって心理学そのものは、これまでもいろいろなタイプのものがあったわけであるが、ウィーンの医者であったフロイトは、一九〇〇年に『夢の解釈』という著作を刊行して、人間心理の根本にある無意識の層の働きを問題としたのであった。この点は、立ち入って説明するほど私は知識があるわけでもないので、専門の心理学の授業にゆだねたいが、ここでも、乳児期からの親との体験が人の意識の深層に沈澱していて、普段は無意識のうちに人の行動を規制している、と考えるわけであるから、いわば、意識においては見えないものが作用している、という考えになる。

この精神分析の場合におもしろいのは、フロイトの場合には、ある意味で近代合理主義とは対極にある人間の捉え方であった。なぜなら、人は自分の無意識に規制されているのであって、必ずしも自分の行動の合理的判断をつねにできるというわけではない、というのだからである。しかしフロイトもまた時代の子であって、こうした人間の深層心理を捉えることのできる、普遍性をもった理論が可能である、と考える点で、つまりは合理的な説明原理を立てているわけで、不可知論にはおちいらないのである。

こうした、人の命や心をめぐる「見えないものを見る」ことからの発展があった一方で、もっと物質的な世界、物理学の分野でも、同様の理論的発展が実現していく。この場合にも、動きは急であった。

放射線という、これまた肉眼の世界とはまったく無縁のものがあきらかにされていった。レントゲン撮影といえば、われわれは誰でも子どものころから、肺の検診などで馴染みのものであるが、ドイツの物理学者レントゲン（一八四五―一九二三）が、人の身体を透視することができる物質を発見してX線と名づけたのは、一八九五年のことであった。当然ながら、学会でのかれの発表は大反響を呼んだ。

フランスのベクレル（一八五二―一九〇八）がウラン塩からでる放射線を発見したのは、レントゲンの発見の翌年、一八九六年であった。ついで一八九八年には、ピエール・キュリー（一八五九―一九〇六）とマリ・キュリー（一八六七―一九三四）のキュリー夫妻が、ウランの鉱石から出る放射線を確認し、ラジウム、ポロニウムと名づけることになる。かれらの功績は二〇世紀の原子核物理学の発展へと、まっすぐにつながっていく。

こうして、物質の目に見えない働き、あるいはごくごく微細なミクロの世界へと、物理学は進歩していくことになった。そうした方向への学問の発展は、分子生物学や遺伝子学などを想起すればわかるように、物理学以外のその他の自然科学の分野についても、指摘できるものである。そしてそれらの発展は、二〇世紀にはいって、学問内部の専門分化をうながすと同時に、また、原子力産業や薬品開発、遺伝子操作のような、巨大産業の可能性とも結びついてゆくものとなるのである。

3　変わりゆく生活の情景

前節においてみてきたのは、医療のように、生活に直結したものもあったが、放射線のように、まだ、学問内部の展開にとどまっているものもあった。本節では、もっと生活に密着した様相の変化を、いくつかみてみることにしたい。

最初にのべたように、この一九世紀後半からの変化を代表する科学技術が電気にかかわるものであった、という点は、誰しもが納得できるであろう。電気にかんする学問的な進歩は、一九世紀はじめから着実に蓄積されてきていた。たとえば、いまでも電流の単位に名前が残っているアンペア（フランス語ではアンペール（一七七五―一八三六））は、一九世紀はじめに活躍したフランスの学者であるし、電圧の単位ヴォルトに名前の残るヴォルタ（一七四五―一八二七）もまた、一九世紀はじめのイタリアの学者であった。

しかし、じっさいの社会生活の現場で活用されはじめたのは、一九世紀末近くになってからのことである。一八八一年には、パリで第一回の国際電気博覧会が開催され、アメリカでエディソン（一八四七―一九三一）が発明していた品々も展示され、人びとの目を奪った。エディソンは、学校教育は三か月ほどしか受けていないのに、鉄道の電信技士として働きながら独学で工夫を重ね、生涯に得た特許は一三〇〇にものぼるほど発明を実現していった人である。

ちょうどベル（一八四七―一九二二）が電話を発明して実用化に成功したのが、一八七〇年代のアメリカでのことであった。エディソンはこれにずいぶん刺激を受けたようで、拡声器や蓄音機をあいついで発明し、いまのCDプレイヤーの先祖ができたことになる。何回も試行錯誤をくりかえしながら、日本産の竹から作られた炭素フィラメントを使って白熱電球の開発に成功したのが、国際電気博覧会の直前一八七八年で、さらに電力を使ったモーターの実験にも成功していた。映画の原型であるとか、蓄電池など、おおもとがかれの発明になるもので、われわれの身の回りにあるものは少なくない。

映画は、エディソンとほとんど同時に、フランスのリュミエール兄弟（兄一八六二―一九五四、弟一八六四―一九四八）が開発実用化に成功していた。二〇世紀における表現芸術の重要な分野として、大衆の支持をも受けていくことになる。映像文化の時代が、ここから切り開かれていく出発点があたえられた。

エディソンは実業家でもあったので、みずから電力会社を起こし、電力供給面でも社会への実用化を可能にする前提をかたちづくったのであった。この点でも電気は、その実用化の当初から、学問的な追究と事業が関連しながらあい携えて進展する、という経過をとるのである。学校にほとんど行かなかったエディソンは、いわば自分一人のなかで産学協同を実現していたことになる。

電力の活用は、生産現場においても徐々に採用されていくことになる。もちろんその前提には、水力や火力による発電装置の開発改良があり、送電システムの開発改良があった。一九世紀に工業化で先行していたイギリスやフランスでは、蒸気機関を利用した工場がす

開発後しばらくしたころの自動車である。車輪には空気の入ったタイヤが用いられているが、後輪に動力を伝達するチェーンが露出しているあたりが、いかにもまだ初期のものを思わせる。この写真で運転席にいるのは、のちにフランスの巨大タイヤメーカー経営者となるミシュランである。（フランス国立図書館蔵）

でに多くあったために、生産現場での電力の採用がかえって遅れたのは皮肉である。

電気分解という工程を大規模におこなうアルミニウムの生産も、一八八〇年代から軌道に乗り、電気化学工業といわれる分野の産業も、世紀末のいわゆる第二次産業革命において重要なものとなる。

すでに言及したように、電力の配給システムができあがり、電灯がまず都市から普及することによって、町の夜景は大きく変わることになる。また、大都会では、市内を電車が走るようになる。ロンドンでは、市内電車は地下を走ることになった。現代型の地下鉄である。一八九〇年のことであった。この先例にならって、電車をつかった地下鉄の運行が世紀末から本格化する。電車は、蒸気機関とはちがったスピード感覚を、人びとにあたえていくことになる。

おなじくスピード感覚という点では、自動車の開発が大きくかかわっていた。ドイツの技師ダイムラー（一八三四―一九〇〇）が、ガソリンエンジンの四輪自動車を開発したのは一八八六年であったが、世紀が変わるころまでには、自動車は、時代の先端を走るイメージを、すでに多くの人にあたえるようになっていた。もちろんまだ、職人仕事の限定生産で、ぜいたく品ではあったが、二〇世紀にはいってアメリカでフォードが量産体制に成功すると、その普及は一気に加速度を増すことになる。フランスで有名になるタイヤ会社ミシュランが、各地を車で訪れるための有名なガイドブックを刊行しはじめるのは、一九〇〇年のことである。すでに自動車による競争もはじめられ、時速一〇〇キロで風を受けて走るのは命を縮める、という医者の警告がだされたりもした。レーシングクラブも、組織されるようになる。

自動車が代表的に示したようなスピード、という要素は、二〇世紀に欧米発で世界を左右することになる産業文明の、キーワードの一つとなる。早くしなさい、という言葉が人びとの行動を規制するようになるわけである。効率的になり便利になった反面、また根本的な問題がもたらされたこともたしかであった。空間の移動を例にとれば、自分の足で自分自身によって調整しながら歩く自律的な能力は衰退し、機械的な外部にたよる他律的な生き方が主流とされるような時代がくる。それをコントロールできたほうが勝ち、というような考え方が支配的となっていく。

生活のあらゆる局面におけるサービス制度の徹底は、電気、水道、ガスから、教育や行政にいたるまで、二〇世紀において、とくに家族生活と家事における負担を決定的に減少させ、女性の社会進出の可能性を開くうえでも大きな技術上の条件となっていった。それ自体は、きわめて歓迎すべき側面であったといえるであろう。しかしまた、サービス制度の徹底によって便利になった反面、人の自律的な能力をそぎ落とし、他律的な依存生活をもたらしはしなかったか、という反省が求められる時代へと、現代人を追いやっているのも現実なのである。

11　国民国家とナショナリズム

国民（ネイション）nation とか国家（ステイト）state とかナショナリズム nationalism といった言葉は、現在では誰もがあまりその意味を深く考えることなく、ふつうに使用している言葉ではないであろうか。しかし、それらの言葉の意味を、というよりもうすこし正確にはそれらの概念内容の来歴を、しっかり考えてみる必要が、現在ほど必要とされている時代はないようにも思われる。

それは、近代ヨーロッパがある歴史的コンテクストにおいて生み出した概念が、こんにちではいわば横滑りしてその意味内容に変容を来たし、人びとにとっての自由や解放の論理であるよりかは、どうみても排除や排斥の論理に転化してしまっているように思われるからである。しかしこの点については、近代ヨーロッパ史のテーマというより、現代世界を生きるものにとっての政治思想上の重要テーマというべきであろうから、ここで立ちいった検討をするつもりはない。

本章で考えてみたいのは、国民国家の原則が、フランス革命でどのように示され、それが一九世紀ヨーロッパでいかなる位置を占めたのか、現実の政治過程では、どのように機能したのであろうか、という点である。二一世紀になっても、多くの人がその呪縛のなかにあるナショナリズムとは、もともとはどのような歴史的コンテクストにおいて、いかなる意味を帯びて形成された考え方だったのであろうか。

1 国民、国家、そしてナショナリズム

国民国家（Nation-State）というのは、一つのネイションnationが一つのステイトstateを形成する、という国家形成にかんする政治原理のことをいう。それはまた逆から表現すると、一つのステイトstateを構成しているのは一つのネイションnationなのだ、という考え方でもある。

この国民国家の原則は、二〇世紀において、アジアやアフリカにあったヨーロッパの旧植民地が独立していくときの、基本原則にされていったものである。そして、そのような独立を求める主張と運動、つまり、自分たちはある言語や文化を共有し、共通の歴史を経験してきた同一的な集団としてのネイションnationなのだけれども、自分たち自身で独自の決定権をもつ国家stateをまだ形成していない、だからその形成を権利として求める、そういう主張や運動は、ナショナリズムnationalismと呼ばれる。

いまではネイション nation という言葉自体が、国民という意味と、その国民を基盤にした国家という意味とをあわせもつ。国際連合は、ユナイテッド・ネイションズ United Nations である。したがって、ネイション nation という言葉を日本語に置き換えるとすると、この双方の意味をもったものとして捉える必要がある。しかも、個別の独立国家を形成していなくても、自分たちが歴史や言語や文化を共有する同一的な集団なのだ、というまとまりを意識している集団も、このネイション nation という言葉は意味できるので、この場合には日本語でいう民族にあたると考えたほうがわかりやすい。そこでナショナリズムは、現在の日本語では、一般に民族主義と訳されることが多いのではないかと思われる。

以上のようにネイション nation とは、いまでは国家、国民、民族、という三重の意味内容をふくみもつ言葉である、という点に、まず注意しておきたい。日本語では、これら三つの意味を同時に表現できる単語はないので、ことはいささかややこしくなる。

しかしそれにしても、これらのネイションとか、国民国家とかナショナリズム、あるいは民族という考え方は、どのようにして歴史に登場してきたのであろうか。そしてまた、どのような歴史の実際上の展開にかかわり、どのような意味の変化を経験してきたのであろうか。

ここでもじつは、一八世紀末から一九世紀の近代ヨーロッパにおける歴史の展開が、根本的な出発点をあたえたのであった。二〇世紀後半がアジア・アフリカにとっての「国民国家の時代」であったとすれば、一九世紀はヨーロッパにとっての「国民国家の時代」であった、といえる。

それ以前には、ナショナリズムという言葉もなかったし、発想もなかった。ネイションという言葉は存在していたが、意味あいがちがっていた。一般にその意味は、ネイティヴnativeと同様、ある地域で生まれた人びとをさす「同郷の人間集団」という意味あいに近かった。ネイションの語源、ラテン語のナティオは、生まれるという意味をもつ言葉だったからである。

2　フランス革命と国民国家

話の出発点はフランス革命である。すでに第6章で要点を捉えたように、フランス革命では、国家の主権者は国王ではなく国民自身にあるのだ、という原則が高らかに打ち出されたのであった。

それはすなわち、それまで存在してきたさまざまな社団のような組織、あるいは地域とか身分といったまとまりごとに、享受できる権利が異なっているとか、拘束される法律がちがう、というのではなくて、すべての市民は法の前に平等である、そういう自由な市民こそが政治的な権利を行使できる国民である、そういう考え方であった。もちろん日々を追ったフランス革命の具体的な推移は、内部での権力闘争あり、外国との戦争ありで、まことに紆余曲折を経ることになるのであるが、革命のもっとも基本となる理念はそこにあったといってよい。それに対応したさまざまな措置が、とられていた。いくつか代表的と思われるものを、みてみることにしよう。

まず、革命家たちが封建的な身分とか特権であると考えたものの廃止が、決定された。それらがほんとうに、中世以来といえるような封建的特権であったのか、またそういう身分であったのかというと、これは実態的には中世の身分やそれにもとづく特権とはもはや異なっていたというのが、現在までの歴史研究による評価である。したがって革命期における判断は、むしろ革命を推進しようとした人たちが、自分たちの倒すべき相手をそう考えた、と捉えたほうが正確である。いずれにしても、それが、人権宣言を制定する前提になったわけである。

ついで、旧州の廃止とあらたな県の設置、日本流にいえば廃藩置県にあたる制度変革があった。旧来の王政のもとでは、王国を区分する単位として、州という区分があった。それらのうちには、中世以来の歴史的な過去をもって形成されていた州もあれば、比較的近くに戦争の結果領土が拡大して王国に組み入れられた州もあり、それぞれに性格もちがえば大きさも不均質であった。地方三部会をもっているかどうかといった、法的な権利状態も州によって同一ではなかった。それらを、ほぼ面積もおなじくらいの県単位に区分して、県の名前には、川や山や海などの自然からとったものを採用した。歴史的な過去を拭いさった新しい行政区分を、いわば平等な条件で設置する、そういう措置をしたのである。これは国民にとっての空間の平等化、空間の一新を実現しようとする、そういう措置であった。この県のスケールは、基本的に現在にいたるまでのフランスで存続していくことになる。

さらに、空間と同様に時間についても、グレゴリオ暦の廃止と革命暦の採用がなされ、時間の一新が試みられた。それまでの王政が、カトリック教会と一体になって存続してきたことはあきらかであったので、国民が主体となる新しい体制には、まったく新しい時間のシステムがふさわしい、そのように、革命を推進しようとする人たちは考えたわけである。時間の秩序というのは、その社会の秩序、したがって政治のあり方とも分かちがたい関係をもっている。しかし、このあらたな時間のシステムは、革命の終焉を超えては存続できなかった。一週を一〇日とするような仕組は、どうしてもほかの国や地域と合わないわけだから、うまくいきようもなかった。しかし、革命を推進しようとした人たちからすれば、国民が主体となる新しい時代にふさわしい時間の一新が追求されたのである。

メートル法の採用については、逆に、革命を超えてフランスだけではなく、世界中に広まっていくシステムとなる。歴史的にみれば、各地で地域ごとにものを測定する尺度が異なり、単位がちがっていた。それがふつうであった。日本でも江戸時代までは、京都を中心とする関西と、関東とでは、たとえば一間の長さが微妙に異なっていた。ものを量る基準とされる枡の大きさなどもちがっていた、といったあり方とこれは共通している。しかし、ここでも法の前の平等と同様に、国民皆が等しい尺度のなかで平等に、かつ公正な条件で生きられるように、という考えで尺度が統一される。これは、社会活動や経済活動を、全国的な規模で統合的に動かしていこうとする場合に、たいへん合理的な仕組であったといえる。したがって持続するだけでなく、普及することにもなるのである。

また革命のもとでは、言葉においても、標準的なフランス語への統一を目ざした動きが本格的にはじめられた。そのための言語調査がなされた。ヨーロッパ各国では、王政のもとで一六世紀ころから、言語的な統一政策が試みられていた。たとえば、正しい文法であるとか表現法とかを、専門の組織をつかって整理、確立していこう、という展開である。それは、中央集権化が追求されるなかで、国王の決定を国の隅々にまで周知させるためにも求められた、といえる。しかし、まだ全国的な教育システムが作られたわけではなかったし、一般の人びとの経済的、社会的な活動にしても、自分たちの暮らす地域とその周辺から外に出る必要は、あまりなかった時代であったので、用いられる言葉は、さまざまであっても構わなかったといえる。したがってフランスの場合にも、旧王政下には、フランス語の地域言語（いわゆる方言）にあたる言葉を、それぞれの地域が用いている、あるいは、フランス語とはまったく異なるブルトン語・プロヴァンス語・オック語などを用いていてフランス語はできない、そういう人たちが少なからずいる、という状態であった。

ここでも、国民という平等な存在から構成される国家には、おなじ言語で議論し、意思疎通できる状態が新しいあるべき姿である、という捉え方がなされるようになる。言語の問題は、それを用いて生きている人たちの社会や文化全体のあり方ともかかわってくるので、こうした言語調査には、行動の仕方、習俗にかんする調査もともなわれたりした。文化全般についても、地域ごとにばらばらでなく、統一的な条件のもとで革命後の社会を担えるようでなければいけない、そう考えられたのであった。

しかしこうした措置は、社会生活の多くの側面にかかわってくるものであった。そう簡単に、法律制度を変えるようには変わらないのはあたりまえである。急激な変更を迫る中央政府と、地方ごとの存在が当然であった人びとのあいだに、溝ができる、あるいは衝突が起こる、というような事態も生じるところとなった。

このような国民という理念を基盤としたシステムの変更は、その実現の多くが一九世紀に積み残され、継続して問題、あるいは課題となっていくことになる。なぜ、革命が終わるとともに立ち消えにならなかったのか、といえば、あらたな時代の趨勢のなかで、どこまでどの程度かは一様でないとしても、経済における工業化を軸とした資本主義化の推進、それにみあった国内市場の整備（消費市場としても労働市場としても）を軸とした経済システムの確立が、避けて通ることができない課題として存在した時代となっていくからである。

どの国も、きびしい経済競争のなかで、多かれ少なかれ富国強兵路線をとるようになる。それは、この時代の軍隊の効率的な組織という一点を考えただけでもわかるのであるが、国の内部に暮らす住民一人一人を国民として動員していく、という展開を不可避的にともなうものであった。また、工業化の進展は、それにみあう規律をもった労働者大衆の存在を必要とする。国民教育のための制度的な確立は、時期の差はあれ、一九世紀のヨーロッパ諸国で共通の政治課題となった。もはや、国民の同意をとりつけることなしには、その動向を無視しては、政治自体がうまく立ちいかない、そういう時代となっていた。それが、この一九世紀をヨーロッパにとっての国民国家の時代と呼びうる理由である。

3　ナショナリズムの変容

前節でみたように、国民国家をどのようにうまく、人びとの意識のうえでも、内実をもったものとして形成できるか、それが一九世紀ヨーロッパ諸国にとっては、重要な政治課題であった。

意識のうえで、というのは、国民一人一人が、自分はほかならないこの国を担う主体だ、という意識をもつようになる、ということである。というのも、歴史的にさまざまな様式のもとに暮らしを受け継いできた人びとにとって、国民という均質的な規定のなかに自分を位置づけて国家との関係をはかる、という発想は、それほど自明のものではなかったからである。また内実というのは、経済面で国民経済としての発展の条件を整え、産業資本主義の本格的な離陸を準備するということであるとか、軍事面での効率的な軍隊の形成といった面で表われてくることは、すでにみたとおりである。

しかし、国民国家形成に向かう展開が、一筋縄でいかなかったこともたしかである。第7章でみたように、ウィーン体制は、なるべく旧来の社会秩序、政治体制を維持温存したい、そのための抑圧的な政治を展開したからである。

しかしまたそれにたいして、自由主義的な国民主義という意味におけるナショナリズムが、根強く運動を何回も何回もくりかえす、一九世紀前半がそういう激しい動きをともなう時代となったということも、すでにふれたところである。このナショナリズムは、ウィーン体制が支配的であった時代にあっては、政治的な左翼に属するものであった。フランス革命に連なる考え方だったのだから、そのような位置になったわけである。

フランスのように、一九世紀前半の革命的な出来事として噴出した国もあれば、イギリスのように選挙法改正などの動きが展開する形式をとったところもあった。一般に、普通選挙制が、国民が政治的主体として認知される、その一つの目安とされるような状況が共有されるようになってくる。普通選挙制というのは、身分や財産にもとづく権利の制限がない、成人市民の誰にでも選挙する権利、候補者として選挙される権利がある、という制度である。

ただし一九世紀ヨーロッパでは、普通選挙制といっても、フランス革命やアメリカ独立革命と同様に、まだ男性についてだけの話で、女性は、政治的には未成年と同様だと見なされ続けていた。もちろんそれにたいしては、さまざまな形で、女性の政治的な参加の権利を求める運動も、あるいは、より全般的に女性の諸権利を求める運動、フェミニズム運動も、姿を現わしてきていた。

他方で、国家統一を求める動き、それも国民を主体とした統一を目ざす動きがはっきりと登場してきた。ドイツ統一やイタリア統一を追求する運動である。また、いまだに自分たちで独立した国家を形成していない、あるいは政治的発言権をもっていない、そういう集団から独立国家形成の要求がなされる、そういう動きもでてくる。ハンガリーやチェコなど、オーストリア帝国内に存在した民族集団や、国家領域をロシア・プロイセン・オーストリアによって分割され、国家としての自立性を失ってしまっていたポーランドなどからの主張と運動が起こる。これらの動きも、ナショナリズムと捉えられる。

これを民族主義という日本語にしてしまうと、先ほど述べた国民主義といわれる動きとは別のものと見なされるおそれがあるが、当時にあっては決して別ものではない。運動の主体が置かれていた状況のちがいから、要求の現われ方が異なっていたのであって、論理としては同一のものである、という点をしっかり捉えておく必要がある。

しかしこうして登場してきたナショナリズムは、一九世紀末になってくると、その性格が変容していくことになった。

たしかに一方では、自立した政治的権利をもたない人びとの集団が、独立国家の形成を求める、そういう動きは依然として継続していた。先ほどの民族主義と訳されるナショナリズムである。イギリスによる植民地的支配のもとに置かれてきたアイルランドなどでも、はじめは自治権の要求という形であったが、同様の動きが世紀末までには明確に浮上してきていた。オーストリア帝国とオスマン帝国、それにロシア帝国という、三帝国が勢力範囲をめぐって抗争していたバルカン半島一帯でも、その内部に暮らしてきた人びとが、自分たちの民族集団としての意識をもつようになり、自治や独立へ向かう運動をくりひろげはじめていた。

しかし他方で、国民国家としての内実を形成していこうとする展開は、ほかの国や地域世界との関係でいうと、富国強兵路線を進もうとすることと同時並行的になっていた。むしろコインの表裏のように表裏一体であった、といってもよい。ドイツのような、あらたに統一国家を形成したばかりであった国家も含めて、ヨーロッパ各国にとっては、世界における有力国家としての政治的な位置の確保と、工業化を経たのちの経済競争における覇権の争奪戦、それらにともなう植民地獲得競争、こういった一連の展開が進んでいくことになる。

誤解してはいけない点であるが、国民主義と国民国家形成のあとに帝国主義と植民地争奪の時代が来る、というわけではない。国民国家形成の時代が同時に帝国主義といわれるような時代になっていく、ということなのである。

西ヨーロッパ諸国をはじめヨーロッパでは、世紀末までには多くが普通選挙制度や公教育制度を取り入れて、すでに国民の政治的な統合の過程を進めていた。

植民地獲得競争や帝国主義の問題については、後章でみることにしたいが、こうした覇権競争、植民地獲得競争において、国家の威信とか国際的な権威といった観点が、国民もまた国内において政治参加するようになっていただけに、多く共有されるようになっていた、といえる。

そこでは、ほかの国には負けるな、当面の競争相手には勝たなければならない、あるいは自分たちの国こそがもっとも優れているのだから、自分たちの国が世界をリードするのは当然だ、といったような考え方が、強くなっていった。そして、自分たちの国の状態が芳しくないと感じられたときには、なにか外国からの妨害があるからだとか、あるいは、国内にいながら国民として運命を共有してはいない外国人とか異分子どもが悪いのだ、といったように、責任を国民国家の外部のものになすりつけていく、あるいはそうすることで国民国家としてのタガをいっそう強化しようとする、そういうことが、なされるようになったわけである。

ユダヤ人にたいする攻撃、差別的扱いなども、この世紀末からヨーロッパでふたたび激しく現われてくることになる。障害のある人にたいする差別や、優生学的な主張、つまり劣性に属する存在は淘汰されるべきだというような考え方など、恐ろしい主張もはっきりと登場してくることになるのである。

そういう形で内部を固めようとする、排外的な性格の強いナショナリズムが激しく姿を現わしてくるようになったのが、世紀末であった。もちろんいうまでもなく、すべての人びとが、そのような排外主義におちいったわけではない。そこは誤解されてはならないが、右翼に位置するものとしてのナショナリズムが、排外的な性格を強くもって台頭してきたことはたしかであった。そして左翼に位置していた人びとも、この世紀末には、国家間競争にたいする批判を正当に展開することはほとんどできていなかった。むしろ、文明の進んだヨーロッパによる世界の文明化という使命を、ほとんど疑うことすらなかった状態だったといってよい。この点については、第13章で再論しよう。

国民（ネイション）を中心として、その発言権を確立しようとする動き、そしてまたネイションとして自分たちの国家を形成しようと求める動き、これらを突き動かす原理として大きな力となったものを、当初のナショナリズムということができる。しかしそれは他方で、国民以外にたいしては外部としてしまうわけだから、そういう意味では内外をきびしく区別し、国家内部を国民たちのあいだでいかに固めるか、という論理でもある。したがって、国家間の競争が激しく現実になってきたときに、他を排除するという姿勢にずれこんでいくことにつながった点は否定できない。また独立や統一ののちに、内部の他者となるものを差別し、排除しようとする動きにもなりかねない危うさを、はじめから内包するものだったのである。

12　植民地帝国という野望の衝突

　ここ何章かにおいて、一九世紀のヨーロッパといっても東と西とではずいぶん差異があったこと、農村と都市とでもまた大きなちがいがあったことをふまえたうえで、しかし一九世紀には大きく工業化への発展の道筋があきらかになり、それは経済生産の現場だけでなく、ふつうの人たちの日常生活をも大きく変えていくものであった、ということを検討してきた。

　ヨーロッパ内だけに目を据えたときには、まだ男性だけのものではあったにせよ、普通選挙制が多くの国で採用されるようになっていった。国民全員を対象にした初等教育制度も、また多くの国で確立していくことになる。第10章でみたように、とくに一九世紀後半になってからの科学技術の発展も、これはまことに目覚しいものがあった、と認めなければならない。

　では、こうしてヨーロッパ近代の歴史は、文明の進歩に向かって着実に展開していったのだ、と、手放しに賞賛することができるのか、というと、歴史はそれほど単純には進んでくれなかった。そういわざるをえないであろう。ヨーロッパの人たちが、自分たちは歴史的進歩の先端にいる、文明発展の先頭を担っているのだ、と考えたとしても、たしかに無理からぬところはあった。いまもふれたように、当時の科学技術にしても、工業化にともなう社会状況の変化にしても、目を奪うような発展が感じられたからである。しかし、このような精神状態は、ヨーロッパ外部にたいしては、じつはたいへん侵略的に働いたのであった。

前章でみたように、一九世紀にヨーロッパは、その内部に目を注いでいれば、「国民国家の時代」といいうる状態を呈していたといってよい。しかし外部との関係を考えると、そのおなじ時代が、帝国主義といいうるような状況であった、ということになる。いったいこれはどういうふうに理解すればよいのか。この点について、本章と次章とで考えてみたいと思う。

この帝国主義も、じつはさまざまな側面をもっていたのであって、単純に軍事の問題とか経済収奪の問題とか、そうした一面だけを捉えてわかった気になることはできない。そうした帝国主義のさまざまな側面をどのように解釈できるかについては、次章において考えたい。本章では、現実にヨーロッパ諸国は世界各地にどのように侵略の手を伸ばし、植民地として直接支配下においたり、あるいはほかの手段で間接的な支配統制を試みたのか、いくつかの目につく事例をとりあげながら、捉えておこう。

1　一九世紀なかばまでのヨーロッパの海外膨張

すでに第1章からみてきたように、ヨーロッパの海外膨張の展開は、一五世紀のポルトガルを先頭にはじまり、とりわけ一六世紀以降には、いわゆる「大航海時代」といわれるような海外進出の競争がはじまった。

それは当初アジアにおいては、アジアの交易圏に参入することで利を得ようという活動を主としていた。しかしその当時から、一面ではキリスト教の布教拡大という文明的な使命感と結びついていた。それと同時に、一種の大砲外交とでもいえる、相手が応じなければ力ずくでもいうことを聞かせる、という姿勢をもつものであった。アジアにおけるヨーロッパ諸国の覇権争いについても、順次、ポルトガル、スペイン、オランダ、イギリス、そしてフランスを当事国として、相互に、ときには武力衝突をもって展開されたのであった。これらはすでにみたところである。

ヨーロッパ諸国とアジアとのかかわり方は、おそらく一八世紀なかばころから徐々に変わりはじめ、一九世紀になると、ヨーロッパ内部で工業化が進展し、経済社会をはじめとした状況が大きく変化していったことと関係して、本格的に変化したといってよい。つまり、植民地化、ないしそれに準じる形式において、ヨーロッパ諸国による直接介入がはじまる、あるいは、ねらいとして定められていった、ということである。

もちろんアジア各地には、古くからの歴史をもった独自の文化があり、しかも政治的にも大きな力をもった勢力が存続していたから、この展開はそう容易に進むものではなかった。しかしヨーロッパの国家によるアジアの国家との直接的な戦争、あるいはアジアの政治勢力との武力衝突、といった状況がはっきり出現するようになる。

イギリスが中国に仕掛けるかたちで、一八四〇年から四二年にかけて展開したアヘン戦争は、まさにその典型的な例であった。これは現代の基準からすればとうてい承認できないような話で、アヘンという麻薬取引を中国が規制しようとしたことを口実に、イギリスは中国に戦争を仕掛けて、没収アヘンの高額な補償金を奪っただけでなく、アヘン貿易の自由化もふくめ、いわゆる門戸開放を実現させたのである。すでに鉄板を使い高性能の大砲をそなえていたイギリスの軍艦のまえに、中国のジャンクの軍艦は相手ではなかった。しばらくまえに中国に返還された香港は、この戦争の結果、イギリスが統治権を奪ったものであった。

相手が中国のような大国で、ヨーロッパの諸国家がいずれも直接介入を追求しているような状況においては、やがてヨーロッパ諸国家は連合を組んで、アジアの相手を軍事的に制圧する、という事態も起こる。

一九世紀なかばにイギリスとフランスが組んで、中国にたいして仕掛けたアロー戦争はその例である。戦争の名前にもなったきっかけの一つは、小さな出来事であった。アロー号という、イギリス船籍の小さな船が、海賊行為の疑いで中国の清朝の警察によって臨検を受けた、そのさいにイギリス国旗が侮辱された、というのである。これが一つのきっかけ、ないしイギリスによる軍事介入の口実である。もう一つは、フランスからの宣教師が、おなじ一八五六年に清朝の警察によって殺害されるという事件が起こっていた。これが、フランスにとっての軍事介入の口実であった。

イギリスの軍艦の攻撃を受ける中国のジャンク船（E. ダンカン画、1843年／イギリス国立海事博物館蔵）

結果は、イギリス、フランスをはじめとしたヨーロッパ側のねらいのありかを明示している。つまり、一八五八年の天津条約にしても、一八六〇年の北京条約にしても、基本は、貿易の自由化とか門戸開放、キリスト教布教の自由化や外国人の国内移動の自由化といったことである。ようするに中国もヨーロッパ式の政治社会にせよ、経済の動きを自由化せよ、つまりヨーロッパ諸国の自由な経済介入を認めよ、というものだったのである。

こうした中国における情勢が、幕末の日本の姿勢に、大きく影響したことはいうまでもないことであった。この時代のウェスタン・インパクトは、文字どおりの軍事介入という形式を取り出していたのである。

ヨーロッパの海外活動がまたスペインを先頭に、南北アメリカにも膨張していったことは、やはりすでにみたところである。ここではその当初から、植民地経営という路線が明確にとられていた。

たしかに、一八世紀後半の北アメリカにおけるイギリス植民地の独立を出発点にして、一九世紀のはじめに中南米の植民地も、フランス革命とナポレオン戦争の余波でヨーロッパ内部が混乱している時期に、あいついで独立を実現していった。しかし独立後も、ヨーロッパおよびアメリカ合衆国との関係は、経済的な依存という形式において存続していった。ここでは、カリブ海諸島のような一部を除けば、直接的な植民地支配の形式は姿を消したわけであるが、工業化以降の世界の結びつきの緊密化のなかで、欧米の工業化の進んだ資本主義諸国による間接的な経済支配と政治への介入は存続し、現在にいたるまでのさまざまな問題を、現地諸国にあたえることになったのである。

一九世紀なかばにおいて、ヨーロッパ諸国のうち、かつての海洋帝国ポルトガルやスペインは、もはや昔日の面影はなく、衰退はあきらかであった。

それでもポルトガルは、アジアではマカオ、チモール、ゴアといった拠点を確保し続けていた。さらにアフリカでは、西海岸寄りに散在していた拠点から、世紀後半になると勢力圏を広げようと動くことになる。

スペインも、ラテンアメリカ諸国の独立によって、中南米では植民地をほとんど失ったわけだが、キューバのようなカリブの島、あるいはフィリピンのようなアジアの島を押さえており、西アフリカにもいくつかの領土を所有していた。しかし、世紀末の一八九八年にアメリカ合衆国とのあいだで戦われた米西戦争の結果、キューバ、フィリピンを失う。このとき、それまでスペイン領であったグアムやプエルトリコも、アメリカ合衆国の手に渡ったのであった。

一九世紀なかばに、一種の植民地帝国といえる状態を築いていたのは、なんといってもイギリスであり、ついでフランスであった。これらについては第三節で、一九世紀後半の動きまでを含めて、みることにする。

2　一九世紀後半の植民地争奪

一九世紀後半から第一次世界大戦が起こる一九一四年にかけて、ヨーロッパ諸国による植民地争奪の状況は、どのような展開だったのであろうか。大きなポイントを三点に整理してつかんでおきたい。

第一には、主要諸国がいずれも海外膨張をねらって、一種の植民地帝国形成の動きを展開した、ということである。

すでにみてきたように、この時期の国民国家形成にあいともなった殖産興業は、相互の競争をにらんで、富国強兵という政策をともなっていた。どの国も、それまでにない軍備強化の路線を進むのである。軍拡路線は、たとえば軍艦の建造や大砲など武器の製作が鉄の生産増強につながるということからもわかるように、工業化の促進と国内産業の育成という政策とも、照応するものであった。

一八五〇年代から六〇年代にかけて、プロイセンの首相ビスマルク（一八一五―九八）が推進した鉄血政策はあまりに有名であるが、これは「必要なのは議論ではなく鉄の大砲と兵士の血だ」という軍国主義をいうだけでなく、鉄の生産振興による国内工業化の推進を同時に追求する考え方であった。クルップの経営する製鉄会社が、これによって飛躍的に成長したこともあまりに有名であろう。

第二には、この植民地帝国形成で先頭にいたのは、先ほどものべたイギリス、大英帝国であった。ついでフランスがやはり、共和主義体制のもとで海外膨張を本格的に進めていく。一九世紀なかばまでに、世界への膨張においてすでにかなりの地歩を確保していたイギリスとフランスは、一九世紀後半以降も、帝国の維持拡大の先頭にいた。

イギリスやフランスとならんで、古くからの膨張を示していたオランダは、一九世紀なかばにはアフリカから撤退し、ジャワやボルネオを中心とした東南アジアでの植民地支配を強化するとともに、スマトラ島北西部のアチェを征服するための戦争を展開した。一八七三年から開始されたこの戦争は、アチェ三十年戦争と呼ばれたりしているが、現地の抵抗は、第一次世界大戦直前までやむことがなかった。いずれにしてもオランダは、現在のインドネシアの領域にあたる、東南アジアでの植民地経営に特化して、そこに主力を注ぐようになっていった。

第三に、しかし、これらのイギリス、フランス、オランダにたいして、おくれて統一国家形成を実現したドイツ、イタリアもまた、遅ればせながら植民地帝国形成に参入してくることになる。とりわけドイツは、上からの強力な富国強兵政策を展開することによって、この植民地争奪における台風の目のような存在になっていくことになる。

アメリカ合衆国は、第五代大統領モンロー（一七五八－一八三一）が、一八二三年の年次教書においておこなったモンロー宣言以来、ヨーロッパ諸国とのあいだでの相互不干渉政策を主張し続けた。しかしアジアにたいしては、日本に黒船がやってきて開港をせまったように、そしてまた中国にイギリスとフランスが仕掛けたアロー戦争のさいの天津条約に積極的に絡んだように、膨張政策をはじめから模索していた。世紀末までには工業生産力においてイギリスを追い越すとともに、西部開拓も一段落すると、みずからの勢力圏の拡大を求めて積極的なカリブ海政策に転じて、スペインとのあいだでも戦争を起こしたことには、すでにふれた。

こうして、世紀末には、工業化を中心とした資本主義的な世界経済における覇権争い、という点でも、イギリスの一人勝ち状態から多極化へと動き出していくのであるが、植民地帝国形成の追求という点でも、多極化の展開がはっきりしてきたといえるであろう。

3　イギリス、フランスの植民地帝国

では、植民地帝国形成の先頭にいたイギリスとフランスは、どのような状態であったのか、ごく簡単にみておくことにしたい。

イギリスは、インドへの直接統治を強化し、一八七七年にはインド帝国を成立させ、イギリス女王であるヴィクトリア女王（在位一八三七―一九〇一）がインド皇帝となった。その過程は決して簡単だったわけではない。もっとも激烈な表われは、一八五七年から五九年にかけて生じたインド大反乱、シパーヒーの乱である。シパーヒー、またはセポイとは、もともとはイギリス東インド会社に雇われていたインド人傭兵のことである。シパーヒーはたがいに牽制しあうように地域やカーストなどを単位として部隊に編成され、低賃金で酷使されていたが、イギリスによる支配強化のなかで各地で武力蜂起を起こしたのである。

帝国に編成されたインドに滞在したイギリス人は、せいぜい一五万人ほどであったとい

われている。その大部分は統治のための役人であるか軍人、そしてかれらの家族であった。このインドを拠点にしてイギリスは、南に膨張してこようとするロシア帝国を牽制し、さらに東アジアでは中国への介入を強めるヨーロッパ諸国の先頭に立ち、東南アジアではシンガポールやペナンを根拠地に、マレー半島からビルマにかけて支配権を確保していった。

イギリスは西アジアでは、ロシア帝国とオスマン帝国の両帝国を相手にして、ペルシャとアラビア半島で発言権を強めた。インドへの海の道の要衝にあたるスエズ運河をめぐっては、一八七五年にスエズ運河運営会社の株式をエジプトから買収して、その支配権を確保するとともに、さらに一八八二年には、ウラービー・パシャの乱を軍事制圧して事実上エジプトの支配者となっていったのである。

それだけではなかった。南アフリカでは、すでにナポレオン戦争後にケープ植民地を確保していたのであるが、そのすぐ北側で、世紀転換期には一八九九年から一九〇二年にかけて戦争をしかけて、圧倒的多数の軍勢を送り込み、オランダ系植民の末裔ブール（ボーア）人が形成していた国家であるトランスヴァール共和国とオレンジ自由国を支配下においたのであった（南アフリカ戦争）。これらの国では、ダイヤモンド鉱山や金鉱が発見されていたので、イギリスの殴りこみは文字どおり金目当ての仁義なき戦いともいえるものであった。

さらに、オーストラリアやニュージーランドへの植民活動の本格化や現地住民の征服ということを考えると、二〇世紀初頭までにイギリスの植民地帝国は、文字どおり世界を覆うように地球各地に手を伸ばしていた、といっても過言ではない状態であった。

ではもう一方のフランスは、どうだったであろうか。インド支配ではイギリスに敗れ、北アメリカでも劣勢を余儀なくされたのであったが、マルチニックやグアダルーペといったカリブの島々での権益は、確保し続けることができた。これらは、太平洋上の島々、タヒチ、ニューカレドニアなどとならんで、現在にいたるフランスの海外の県、あるいは海外領土のもとになる。

アフリカでは、フランスはまず、地中海を越えたすぐそこに位置する北アフリカのアルジェリアを征服し、植民を進めていく。一八三〇年には、崩壊寸前の復古王政のもとで、征服をねらった戦争がアルジェリアで仕掛けられた。インドにおけるイギリス同様、フランスのアルジェリア支配も、その当初において武力抵抗を受けた。アブドゥル・カーディルが率いた現地勢力は、一八三二年から一五年間にも及ぶ抵抗の戦いをくりかえしたのである。しかし植民地化の展開はその後も、七月王政から第二帝政、そして第三共和政へと政治体制が変化しても、変わることはなかった。

第三共和政にはいってから、フランスによる北アフリカへの侵略は拡大し、アルジェリアの東隣のチュニジア、西隣のモロッコが、保護国化されていく。二〇世紀後半になると、これらマグレブ三国はいずれも独立することになるが、マグレブからのフランスへの労働移民は、フランス本国に大きな移民問題をもたらすことになる。いわばフランスは、一九世紀以来の強引ともいえる膨張政策のツケを、いまだに払い続けているのだ、ともいえるのである。

こうした北アフリカだけでなく、サハラ以南のアフリカの海岸部、内陸部を問わず、たとえばセネガルのように、フランスは領土、あるいは影響圏を拡大する活動を展開し続けた。さらに東アフリカ側では、マダガスカル支配にも乗りだしていった。

アジアにおいては、フランス植民地として大きな存在になるのはインドシナ三国であった。ヴェトナム、カンボジア、ラオスのことである。

アフリカにおけるフランスの膨張政策が、しばしば激しい抵抗にあったように、フランス領インドシナが成立するにあたっても、そう簡単に展開したわけではなかった。しかし、第二帝政においてナポレオン三世（一八〇八―七三）の指示で開始された軍事展開は、第三共和政になっていっそう本格的になされ、直接支配が実現していくことになる。はじめにカンボジア、ついでヴェトナムを軍事制圧したフランスは、インドシナ連邦、すなわちフランス領インドシナを成立させた。一八八七年のことである。ラオスも征服されて保護国扱いになり、ここに組み込まれるのは、一八九三年のことである。これによってフランスは、インドシナ半島の東半分を支配下に置くところとなる。

こうしたイギリスやフランスの圧倒的ともいえる膨張政策のまえに、ドイツは、アフリカ南西部や中央部に植民地、あるいは勢力圏を確保しようとし、太平洋の島や中国への介入でも、後れをとるまいと、積極的に外交の場での国際交渉に関与していくことになる。皇帝ヴィルヘルム一世（在位一八七一―一八八八）時代の、いわゆるビスマルク外交である。ビスマルクは、ヨーロッパ内においてはドイツを孤立させないように同盟政策を巧みに操作し、いわゆる「アフリカ分割」には乗り遅れまいと主導権をとろうとした。しかし、そのビスマルクと衝突してかれを退けた、つぎの皇帝ヴィルヘルム二世（在位一八八八―一九一八）は「世界政策」をかかげ、より軍事的にイギリスやフランスの展開に割ってはいろうとした。二〇世紀はじめにもなると、イギリスとの軍備拡張競争、フランスとのモロッコをめぐる争いが、国際政治の不安定要因になるのである。

イタリアも、地中海をはさんで南側、トリポリからアフリカ北部の東側へと、勢力圏を確保しようと展開した。そうして、エリトリアやソマリランドの一部を確保したのであるが、アビシニア、つまりエチオピアへの展開は、現地軍のまえに敗れて失敗した。そのイタリアも、膨張政策の手を東アジアにまで伸ばし、中国での租借地の確保をねらっている。

ヨーロッパの内部において、民主的な諸制度が前進していき、科学技術が大いに発展した時代は、対外的にみれば、侵略がなんの躊躇もなく展開された時代であった、という逆説がここには存在している。それはなぜだったのであろうか、ということを、次章では考えてみよう。

13　さまざまな帝国主義

前章まででみたように、一九世紀のヨーロッパは、経済生産の面においても軍事技術や装備の面においても、そして科学技術の面においても、たいへん大きな発展をみせた。

それは同時に他方で、世界各地をみずからの支配下に置こうとした、植民地帝国形成への争いをも生み出した。世界各地に植民地をもとうとする展開、植民地化がむずかしい場合には影響力を確保しようとする動き、そして自国の軍事的なプレゼンスを強化しようとする試み、要所への軍事拠点の配置、こうしたヨーロッパ諸国の動向は、直接的で、外側からも形にみえる、そしてヨーロッパ諸国家同士の相互承認を求めるようなものとして、フォーマルな帝国主義、といえる。外側から形（フォーム）がみえる、相互に承認がなされる公的な、公式なものであり、多くは直接的な政治支配、軍事支配であった。

しかし、ヨーロッパ諸国によるこうした展開を正当化していた論理とは、たんに弱肉強食だったのであろうか。本章では、そうしたヨーロッパによるフォーマルな帝国主義を支えていた論理、考え方について、捉えてみたいと思う。

そのことはまた、インフォーマルな帝国主義、という問題とも関係してくる。帝国主義の展開は、直接的な政治支配、軍事支配とはまた別の、インフォーマルな帝国主義、という形式でもありえた。

たとえば、資本投下などによって金融面でのコントロールをきかす、というものがあげられる。これは、ある意味で近代の産業資本主義的な発展の当然の帰結として、世界規模へと経済活動が膨張していく、いまでいうグローバル化の一側面だともいえる。グローバル化は、なにも二〇世紀末にはじまったものではない、ということにも、ここでまた注意しておきたいと思う。少なくとも一九世紀後半には、世界各地は相互に密接な関係をもち、依存関係のなかにあった、といえる。ただそれらの関係は、対等なフラットなものではなく、欧米諸国によるほかの地域、国家への、支配従属関係の仕組に捉えられていた、ということである。

また、インフォーマルな帝国主義は、ヨーロッパによる、あるいは欧米による、ほかの地域や社会への文化的な支配、技術的な支配、といった面をもつものでもあった。

本章では、これらの点についても検討しよう。

1　経済帝国主義

ヨーロッパによる他地域への進出、あるいは侵略、そして海外領土としての統治、あるいは植民地としての支配、こういった展開において、しばしば経済的利害、打算が働いていたことは、指摘できるところである。

前章でふれたイギリスによる南アフリカ戦争と、それによる南アフリカ支配などのように、金やダイヤモンドといった資源が問題である場合もあった。インドやエジプトのように、原綿の産地として重視されるところもあった。あらゆる資源が、工業化の多様な発展のなかで求められたことは当然で、その場合、自国内、ヨーロッパ内で手にできない、あるいは十分に手にできない資源については、外部に求められたわけである。

資源を手に入れる行為を、通常の商取引でおこなうのであれば、これはフェアな経済行為だといえる。しかし、そうではなくて、いわば政治的に支配して奪ってしまうとか（これは直接的な支配統制である）、大規模な資源開発には多く、進んだ技術や巨大な資本が必要とされたので、それらの提供を通じて実質的な支配下に置いていく、という方式もとられた。

また、工業化が多様に大規模に発展していったということは、それによって生産された商品の売りさばき先をつねに拡大しなければならない、という必然性をともなう。欧米諸国の産業資本主義経済にとって、ラテンアメリカや中国は、資源の面だけでなく、商品市場としても注目されていたといえよう。

欧米における急速な産業資本主義発展を受けて、余剰資本の投下先として、自国内やヨーロッパ内だけでなく、むしろヨーロッパ外への投資が、とくに世紀後半、一八七〇年代から拡大していくことになる。

これは、レーニン（一八七〇―一九二四）による帝国主義の定義、すなわち資本主義の最高段階としての独占と金融資本による支配、という理解の仕方の根拠となった状態である。ただし、レーニンはマルクス主義的な唯物史観にもとづいて、第一次世界大戦下のヨーロッパ情勢を分析し、つぎは自分たちの社会主義の出番だ、ということをいわんがために、このような定義を提起した、という点には注意しておこう。

植民地拡大や、影響圏の拡大を推進する論理として、投資先が確保される、という点をあげる政治リーダーも存在した。フランス第三共和政のもとでの植民地拡大、とくにヴェトナムや北アフリカのマグレブへの本格的な展開を推進していった首相ジュール・フェリー（一八三二―九三）を、その明確な例としてあげることができる。

主要な資本輸出国は、イギリス、フランス、ドイツ、アメリカ合衆国の四国であった。フェリーの発言にもかかわらず、フランスの場合には、海外投資よりもヨーロッパ内への投資が多く、とくにロシアの国債への投資が全体の四分の一を占めた。

そのなかで、外国や他地域への投資という点で、圧倒的に他に抜きんでていたのが、イギリスであった。一八七〇年から二〇世紀はじめにかけて、イギリス一国だけで、世界各

表13-1　イギリスによる投資額と投資先（1913年、単位：百万ポンド）

大英帝国内（自治領・植民地）	1,780.0	大英帝国外	1,983.3
投資額総計 3,763.3			
内訳 カナダ	514.9	内訳 アメリカ合衆国	754.6
オーストラリア・ニュージーランド	416.4	ラテンアメリカ	756.6
インド	378.8	ヨーロッパ	218.6
南アフリカ	370.2	その他	253.5
その他	99.7		

（A. ポーター／福井憲彦訳『帝国主義』岩波書店、2006年による）

国の国外投資額総計のほぼ半分近くを占めていたのである。一九一三年のイギリスにかんする数字を表13-1にあげたので、その投資先を各自で確認していただきたい。

イギリスは、すでにみたように、一九世紀から二〇世紀への転換期には、工業生産ではアメリカ合衆国やドイツに先を越されたり追いつかれたりしていた。輸出入の収支バランスでも、大幅な赤字が続いていた。石炭以外は工業資源にも乏しかった。にもかかわらずイギリスが、世界経済の中心を占め、イギリス・ポンドが基準の国際通貨であり続けたのは、このような対外資本輸出と、海運、そしてロイズ社で有名なように国際的な保険業からの、大きな収益によっていた。それゆえに、ロンドンの旧市街にある金融センター、シティは、依然として世界経済の核であった。

こうした経済の展開は、政治と無関係ではありえなかった。

たとえば、エジプトのスエズ運河は、もともとフランスの技術援助や資金参加でエジプト自身が建設したものであったが、運営資金難からエジプトは、その経営権をイギリスに手渡した。すでにみたように、これは、イギリスにとってみれば、インド、アジアへの海の近道を、しっかり押さえることができるという意味をもっていた。一八八〇年代に、イギリスが事実上エジプトを保護国化してしまうことにもつながったのである。

フランスによるロシア国債への投資の大きさは、両国間のつながりを強くするほうに作用した。政治体制としては、ロシアは皇帝のいる帝国、フランスは、一八世紀末の大革命の後継者を自負する共和国であったから、理念的には一致するどころか正反対だったのであるが、両者の経済的結びつきの深まりは、フランスとロシアの軍事同盟と表裏一体であった。同盟締結は、一八九四年である。

2　文明の拡大という論理

植民地獲得を正当化する論理をあたえていたのは、経済的な利害にかかわることがらのみではなかった。

近代ヨーロッパが世界へ膨張しはじめた最初のころ、ポルトガルにしてもスペインにしても、イベリア半島におけるレコンキスタの延長で、世界各地のキリスト教化を進めようという動機がそこに含まれていたということを、すでに第1章で指摘したことを想い起こしてほしい。

キリスト教世界の拡大、という論理は、一九世紀においてもまったく姿を消してしまったわけではなかった。ただ、すでにみたように、ポルトガルやスペインといった、カトリックの立場を明確にもっていたかつての海洋帝国は、すでに衰退を明確にしていた。ラテンアメリカに展開していたカトリック教会の勢力は、こののち現在にいたるまで衰えるわけではないが、あらたな地域への伝道を支えるものではなかった。

フランスは、たしかに第二帝政にあってはナポレオン三世が、カトリック宣教師の殺害を、中国に軍事介入する口実として利用した。前章にでてきたアロー戦争の口実である。しかし、植民地帝国の拡大を推進した第三共和政の政治家たちは、反カトリック教会の立場を鮮明にしていた。したがってフランスもまた、カトリック宣教師の活動を支援する公的立場にはなかった。ビスマルクのドイツも、カトリック教会とは対立していた。したがって世紀後半からカトリック教会は、ヨーロッパ諸国による世界支配の動きと微妙な関係をもちながら、世界布教の活動をたてなおそうとするのである。

一九世紀においては、キリスト教世界の拡大をヨーロッパによる世界支配の正当化と結びつけたのは、むしろプロテスタント側であった。その考え方は、現代イギリスの歴史家アンドルー・ポーターにならって博愛的帝国主義とでもいいうるものであった。

それは、ヨーロッパによる介入こそが、非ヨーロッパ地域の人びとを救うことになる、という考え方である。まだ貧しく、無知で、遅れた、進歩には適合的でない社会にいる人たちに、進んだヨーロッパの制度や法律、学問知識、そしてなによりキリスト教を広めることで、それらの地域の人びとを救うことができるのだ。こういう信念は、むしろ、そうする使命をキリスト教徒は担っているのだ、という責務の感覚にもなっていた。

このような博愛的帝国主義は、奴隷取引に反対する人道的な立場ともかかわっていた。もともと、大西洋交易のなかでヨーロッパの商人たちが大きくたずさわることによって発展した奴隷取引は、さすがに一八世紀末から、一部に大きな反対の声を生み出していた。ほぼ一九世紀なかばまでには、奴隷制はヨーロッパでの禁止がいきわたるが、しかし、東アフリカや中央アフリカでは、奴隷の取引は依然としておこなわれていた。その廃止を求めて、積極的にヨーロッパの政府はアフリカに関与していかなければいけない、そういう人道的な責務がある、という考え方である。

スコットランド人の宣教師デイヴィッド・リヴィングストン（一八一三―七三）の場合が、日本でも有名であろう。一八四〇年、二十歳代の末近くにかれはロンドン伝道協会の医療伝道師として、アフリカの奥地に探検隊のように分けいったのである。かれは『伝道旅行記』のほか、『ザンベジ川とその支流』といった地理学的探検の報告書も刊行している。

こうした博愛的、ないしは人道的な意図にもとづいたミッションの活動と、その報告のたぐいが、どのような形でヨーロッパ内における帝国主義的な意識につながっていったのか、ということを、正確にフォローするのはなかなか容易ではない、と思われる。しかし、押さえておかなければならないのは、こうした善意の帝国主義が、その向けられた社会のあり方を、当の社会の人たちの意図や意識はほとんど意に介さずに、ヨーロッパ基準のものの考え方、社会のあり方を押しつけるものとなった、という現実である。それはまた、すくなくとも結果として、ヨーロッパによる「アフリカ分割」といわれる支配地の分捕り合戦に、役立つものともなった。そういう現実があったのである。

地理学的な探検についても、同様なことが指摘できる。それは、それまでは外部の人には共有化されていなかった不分明な土地について、したがって「暗黒大陸」などと呼ばれることになる土地について、たしかに学問的な解明をあたえていくものとなった。しかし、正確な地理的知識が手にできて、それぞれの土地の特徴や危険が把握され、地図が描けるようになる、ということは、いつでも軍隊が進軍できる、その基礎知識があたえられる、ということも意味していた。

たとえばフランスの地理学協会は、その当初から植民地帝国形成の意図と結びついて発足したわけではなかったが、一九世紀後半になると、この協会が組織した、あるいは後援した各地への探検は、あきらかにフランス植民地帝国の拡大、あるいはその影響圏の拡大と結合して位置づけられるようになったのである。この点は、イギリスでもドイツでも同様であった。

この時代のキリスト教の布教という意識のなかに、先進的なヨーロッパと後進的な非ヨーロッパ、という対比があって、それが、後進的なところにも先進的なものを広めるのが責務だとする、博愛的帝国主義のもとになった、という点については、すでに述べた。これは、世紀の後半になると、とくにキリスト教とかかわらなくとも、文明化の進んだ歴史の先端にあるヨーロッパが、世界各地を文明化する使命をもっているのだ、という、世俗的な意味でも共有された意識になっていくといってよい。

おそるべき自信、あるいは過信というべきであろう。たしかに、われわれもすでにみたように、一九世紀のヨーロッパにおける科学技術の進歩には、目を見張らせるものがあり、社会生活のさまざまな側面も、おおいに変化し、豊かになっていた。それが、こうした過信の基盤になっていた。

たとえば、リヴィングストンがアフリカへの宣教活動にさいして、医療の普及を一つの目的にしていたように、医学はヨーロッパ内部の社会の衛生化に寄与すべきであったと同時に、外部の社会にも、その衛生化の実力を施すべきであるとされた。

しかし現実には、ヨーロッパからの使節の活動も、あるいはヨーロッパによる支配のなかでの働きかけにしても、うまく受け容れられるより、それぞれの社会の住民から無視さ

アフリカ、スーダンの岩に書き込まれた「ピアーズ石鹼が一番」という宣伝文句。大英帝国の海外進出と植民地支配が、経済利害に直結させられていたことを皮肉たっぷりに描いた諷刺画であるが、描き方は、現地住民がヨーロッパからもたらされたものに驚き、ひれ伏しているように、ヨーロッパ文明の優位を自明のように描いたものとなっている。

れたり、意識的・無意識的を問わず抵抗を受けたりすることも多い。社会のヨーロッパ化は、そう簡単には進まなかったのである。

そうなると、もう一つ別の言説が現われてくる。かれらは劣等な存在であって、文明化を受け容れる力がない。したがって、優秀なヨーロッパが支配するのが当然であるし、そうしたほうがかれらのためになるのだ、という考え方である。こうなると、過信を通り越して「うぬぼれ」というしかない。しかしこうしたたぐいの言説も、当時においては、一種の科学的な装いをとって主張された。

ちょうどダーウィン(一八〇九―一八八二)が『種の起源』を公刊したのが一八五九年、その進化論を受けて、世紀末にはそれを人間社会に適用しようと考えるものが登場していた。社会ダーウィニズムといわれる。人間社会でも生存競争があり、適格者が存続していくのだ、劣等者は滅びる運命にある、という考え方である。

この乱暴な疑似科学的な言説がもう一歩進めば、優秀な人種のみが生存して社会を良くしていくのがとるべき方向であり、劣等な人種は消し去ったほうがよい、という優生学といわれる観点になる。この言説にあっては、植民地帝国は当然であって、あえて正当化の必要すらない、ということになる。

誤解のないように断っておくが、当時のすべての人が、こうした乱暴な言説に飲み込まれていたわけではない。また同時代には、ヨーロッパ近代にたいする批判の考察や、その歴史的展開への疑念も出されてきていたのである。

しかし、現実のヨーロッパにおける、さまざまな面での大きな進歩をみずから経験するなかで、知識人も民衆も、政治家も商人も実業家も、ほとんどすべての人たちが、自分たちは文明化の先端にいるものと感覚し、文明化を拡大していくのが当然のことだと捉えていたのであった。

3 社会帝国主義

多くの人が文明化の使命を意識するような状態になる、あるいは文明の先端にいる感覚を共有するようになるには、ヨーロッパの現実社会の変化だけでなく、世紀末から大幅に拡大した新聞メディアがはたした役割は大きい。当時の新聞は、しばしば石版画で描いた彩色画を、のちの写真のような役割で用いていた。記事の内容だけでなく、むしろおそらくは内容以上に、そうした図版が、しばしば現実をきわめて単純化したり、諷刺したりして、人びとに感覚的に情報を伝えるようになっていた。

新聞のなかには、一〇〇万部を超える部数を出すものもでてくる。イギリスでは、ジャーナリストのノースクリフ（一八六五―一九二二）の名前が有名である。かれは、保守派の新聞『デイリー・メール』を安い価格で多売して、それまでの意見紙中心であった新聞の世界に、大衆新聞の概念を決定的に持ち込んだ。安くするためには企業広告、商品広告を多く採用した。情報ビジネスとしての新聞の本格的な成立である。

こうした新聞が好んで掲載したのは、自国の（あるいは国民の）優秀性や、威信、利害といった点にかかわる内容であり、他国との競争であった。

ヨーロッパ以外にたいしては、ヨーロッパ全体としての進歩性や優秀性が共有された意識であったが、ヨーロッパ内の国同士では、たがいに、相互の競争相手とぶつかり合い、そのなかでどちらが優れているか、どちらが勝つか、自国にとっての脅威がどのようにあるか、といったことが意識されたのである。国民国家としてのまとまりを強調することは、外部にたいする警戒をうながし、過度の国家意識をもたらすことにつながっていた。

すでに一九世紀なかばから世界各地を結びはじめていた電信網によって、世界各地の情報は、まちがいなくそれまでより格段の量、格段の多様性をもったものとなっていた。大衆新聞の成立は、そうした電信電話、交通機関の進歩発達とまちがいなく連動していた。しかし情報量の増加や、情報の速度上昇は、残念ながらそれだけでは、情報の正確さや、情報の正確な理解にもとづく事態の正確な把握、あるいは他者の正確な理解には、つながらなかったといってよい。

むしろ優越感や威信をあおり、競争心や脅威感をかきたてることや、イギリスでジンゴイズム jingoism と呼ばれたような、自分たちを絶対視するような愛国主義が、あおられることを容易にしたといってよいであろう。

それによって、ヨーロッパ内の各国にあった内部対立、たとえば、多様な要求を出しはじめた労働者と、合理化や締めつけを厳格にしたい経営者の対立、裕福な都市圏と貧しい地方、といったような対立を、ある程度の社会政策によって改良したり、いったん停止にしたうえで、外部の脅威にたいして内部をまとめることを優先的にうながす、そういう政治的な作用が働いた。

まったく自省的な観点を含まない愛国主義が、植民地帝国の形成維持に大きな支持をあたえるものであったことは当然である。内部の対立や問題を外部との対立にそらし、転化するような結果をもたらすジンゴイズムは、主として労働大衆を担い手とするものでもあった。

こうした、社会内部の問題を外部にそらし、外部との対立をして内部矛盾をみえなくする考え方や方針を、社会帝国主義と呼ぶことがある。帝国主義は、一部の金儲け目当ての悪辣な集団のゆえではなく、軍事至上主義的な政治家や軍部の好戦的判断でもなく、あるいはそれらだけではなく、当時の大多数の労働大衆に支えられたものでもあったということが、深刻な現実ではなかろうか。そうした帝国主義のあり方をいうのである。

当時活性化していた労働運動や社会主義運動からは、植民地帝国の形成にたいする本格的な批判、理論的な批判は登場してこない。むしろ批判されたのは、軍隊に徴兵されたかれらの仲間や家族が、遠い植民地や、外国での勢力争いのなかで、その死の意味が納得できないままに倒れて帰らぬ人となる、そういう可能性への批判であった。それもまた多くは、本来の国力を弱めるやり方だとして、愛国主義の名のもとになされる批判だったのである。

14　第一次世界大戦という激震

本章のテーマは二〇世紀にはいったのちのことになるが、第一次世界大戦についてである。第一次世界大戦は二〇世紀になってからの戦争ではあるのだが、ある意味で、一九世紀的な世界の終焉を画する戦争であった、といえるであろう。それと同時に、二〇世紀が不幸な「戦争の時代」となってしまう、その出発点をなす戦争でもあった。

ここ数章でみてきたような、一九世紀後半から、とくに世紀末からのヨーロッパ諸国間の勢力争い、植民地争奪戦、あるいは経済的支配をめぐる駆け引き、こういった争いが、工業化を経たのちの軍備強化と軍拡競争とともに、各国に、戦争への危機感をもたらしていた。それがまたかえって軍事力の強化をうながす、他国を押しのけてでも自分の国のみは少しでも有利な地歩をえよう、そういう考え方を強くさせていたといえる。

戦争への危機感があったことはたしかであるが、しかし、誰も、つぎに起こる戦争がどのような規模になるのか、どういう性格の戦争になりそうなのか、正確なイメージはもっていなかった。

では、どういう状況のなかで、戦争に突入してしまったのであろうか。戦争の展開はいかなる衝撃をそれぞれの社会にあたえることになったのか、そして戦後の世界に、どのような影響を残したのであろうか。本章では戦争そのものの顚末に立ちいって検討をくわえる余裕はないが、これらの諸点について要点を押さえられるよう努めてみよう。

1　戦争勃発から予期せぬ塹壕戦へ

一九世紀末からの各国間での対立の激化、経済覇権をめぐる多極化の動き、こうした背景と、戦争が避けられないかもしれないという不安のなかで、各国はさまざまな外交交渉などを経て、もしもに備えて同盟関係を築いてきていた。

フランスは、一八七〇年のドイツとの戦争で敗れて多額の賠償金を負っただけでなく、アルザス地方とロレーヌ地方の一部をドイツに割譲せざるをえなかった。ドイツにたいして復讐をしなければならない、アルザス・ロレーヌを奪回しなければならない、そのための戦いは避けがたい、準備をしっかりしておかなければならない、そういう意識が相当に広い範囲で一九世紀末のフランス社会をとらえていた。

すでにふれたヴィルヘルム二世の世界政策にもとづく軍拡や、強引な強硬態度は、フランスの危機感をあおり、ロシアとの同盟関係の締結とその強化に向けさせた。一八九四年に成立したフランス・ロシアの軍事同盟である。さらに二〇世紀にはいってからのモロッコをめぐるドイツとの対立は、いっそうの警戒感をフランスにあたえる。あらかじめイギリスとフランスは、対ドイツを念頭に、英仏協商を一九〇四年には締結していた。中世以来といってもよいイギリス・フランス両国の対抗関係は、ここに一時停止状態を迎えることになる。他方イギリスは、ロシアとのあいだにも協商関係を結んだので、ヴィルヘルム二世のドイツは、ビスマルクが腐心した同盟関係の充実によるフランスの孤立化、ドイツの安全保障、という路線が完全に崩れ、むしろ孤立の危険を背負うことになっていた。

ただ、避けがたい戦争に備えるといっても、どういう形で戦争を想定するのかということになると、いずこの国でも具体的イメージはなかったようだとしかいいようがない。さしあたりフランスは、アルザス・ロレーヌと接するドイツとの国境線に、注意の目を向けていた。ドイツは、ひそかに電撃戦の机上計画シュリーフェン・プランを練っていた。

そうしたなかで、バルカン諸国を舞台に、独立や勢力圏をめぐる戦争が現実に生じてしまった。一九一二年と一三年との二次にわたる戦争であった。オーストリアにとっては、バルカンはみずからの膝元にあたる。少なくともオーストリアはそう考え、膨張政策をとって、オスマン帝国領であったボスニアとヘルツェゴヴィナの両地方を、一九〇八年に併合していた。スラヴ系住民が多い両地方の併合を望んでいたセルビアは、こうしたオーストリアの動きに猛反発した。

表14－1　第一次世界大戦時のヨーロッパの基本的対立関係

連合側	同盟側
フランス、イギリス	ドイツ
ロシア、スラヴ諸国	オーストリア・ハンガリー
イタリア（やや遅れて）	オスマン・トルコ
アメリカ合衆国（遅れて）	ブルガリア

ところが、一九一四年六月二八日、ボスニアの首都サラエヴォを訪問していたオーストリアの皇太子夫妻が暗殺される、という事件が起こる。暗殺者は、オーストリアによるバルカン介入に反発していたセルビア人の青年であった。皇太子の暗殺は、次期皇帝候補の暗殺であるから、たしかに小さな出来事ではない。しかし、それほどの大きなショックをオーストリアにあたえたわけではなかった。ときの皇帝フランツ・ヨーゼフ（在位一八四八―一九一六）の考え方は、甥にあたるこの皇太子と合致していなかったからである、といわれている。

暗殺グループの背後にセルビアがいる、と考えたオーストリアは、むしろこの出来事をセルビアにたいする介入のチャンスと捉え、セルビアが受け容れがたい内容をもった要求を突きつけた。一種の内政干渉を認めろ、といった内容であった。七月二三日のことである。もしそれが受諾されないなら、両国は戦争状態にはいる、という最後通牒である。

これを突きつけるまえに、オーストリアはドイツと事前に協議し、その了承を得ていた。ことが生じれば、ドイツは同盟関係にあるオーストリア側について戦争にはいる、ということである。

セルビアは、内政干渉を含む申し入れを基本的には拒否した。セルビアのうしろには、スラヴ人の大同団結を主張するロシアがついていた。フランスも、ロシアとの同盟関係があるので、セルビア、ロシア側を支持していた。たしかに、オーストリアの要求には、筋違いなものがあったといえる。しかし、ロシアもフランスも、事態をそれほど深刻には受け止めていなかったようで、フランス大統領ポワンカレ（一八六〇―一九三四）は、すでに七月一六日、予定どおり、ロシアへの親善訪問の旅を開始していた。

現実には、バルカン情勢のなかで起こった暗殺事件が、戦争への引き金になる。猶予期限の切れたあと、七月二八日、オーストリアはセルビアに宣戦布告した。ドイツは、各国がまだ戦争準備が整わないうちに、電撃的に勝利を収めれば有利なうちに停戦を成立させ、外交的な交渉の場に引き込める、そういう誤った読みをした。ドイツにしてみれば、オーストリアともども、両側を敵国にはさまれている。ロシアは巨大国家のゆえに、軍隊を臨戦態勢に整えるには時間が余計にかかるであろう。その戦争準備が整わないうちに、逆側のフランスをたたいて押さえ込んでしまえばよい。これがドイツの考えた電撃戦であった。

ドイツはフランスにたいし八月三日に宣戦布告した。即刻フランスをその北部から攻撃するために、ドイツは自軍のベルギー領通過をベルギーにたいして要求した。多勢に無勢だからベルギーは拒否すまい、もし拒否されても強行突破する、それでもイギリスは参戦してはこないだろう、そういう読みであったようである。
ベルギーは拒否し、四日に侵攻してきたドイツ軍との交戦がはじまった。イギリスは、ドイツによるベルギーの中立侵犯をまえにして、しかも同盟国フランスが直接攻撃対象になっている状況で、対ドイツの宣戦布告をして軍隊派遣の準備にはいった。このようにして、あれよあれよというまに、いわば同盟関係が導火線のような役割をはたしながら、北西ヨーロッパの主要地帯で戦闘が開始されたのである。

戦争の推移について、ここで細かくふれる余裕はないので、要点だけ押さえよう。当初、ドイツの電撃戦は成功するかにみえた。ドイツ軍はフランスの首都パリ近くまで攻め込んだ。しかし、あまりに速すぎたせいもあって、ドイツ軍の兵站線が十分に追いつかず、部隊ごとの足並みがそろわなくなる。そこへフランス軍が必死の反撃に出る、という状況となり、そのうち、予想外にロシアが早めに戦争態勢を取って参戦してきたので、ドイツは東側でも対応を余儀なくされることになった。

こうして、戦争は、短期戦の予想に反して、両陣営とも決定力のないままに塹壕に立てこもる、長期戦の様相を呈することになる。塹壕とは、地面を深さ二メートルくらいにまで掘って、あたかも網の目の細い道路のようにはりめぐらした溝のことである。両軍ともに敵軍をまえにして、にらみあうかたちで塹壕を掘りめぐらし、要所には要塞を設け、地上に姿をみせないようにして立てこもり、また敵軍に察知されないようにして動きまわれる、そういう状態のもとで戦局は膠着したのである。

戦争に突入するにあたって、両陣営とも掲げたのは、これは祖国防衛の戦いだ、という理由であった。やむをえない防衛戦なのだから、国内での対立は一時的にでも中止だということで、城内平和 Burgfriede とか神聖連合 Union sacrée というキャッチフレーズが掲げられた。悪い相手から自国を守る戦いは短期決戦で終わるであろう、そういう根拠はほとんどない掛け声が、軍部からも政治家からもあげられていたのであったが、しかし誰にも、工業化以後の戦争がどうなるかについてのイマジネーションはまったく欠落していた、といわないわけにはいかない。

2　長期戦における被害の拡大

工業化以後の兵器の殺傷力は、かつての戦争にはないほどのものになっていた。しかも塹壕戦を基本とした長期戦という状態のなかで、あらたな兵器の開発も進められることになる。ミサイルやロケット弾、それもコンピュータで制御されるそれらの兵器、といったものを除けば、二〇世紀に使用されることになる兵器の原型は、すでにこの第一次世界大戦で姿を現わし、あるいは性能向上をあきらかにしていた。いくつかの兵器の例をあげてみよう。

従来型の武器でも、たとえば大砲の質の向上、砲弾の種類の開発といったことが進んだ。巨大化した大砲の射程距離はおそろしく延長し、同時に小型で機動性にとんだ火砲も各種が開発された。すでにあった機関銃はその性能が急激に向上させられ、塹壕戦にともなって火炎放射器や毒ガスが武器として開発される。化学兵器の走りである。塹壕戦はまた攻撃のための武器として戦車の開発をうながした。イギリス軍はカモフラージュのために液体運搬用のタンクだとして開発を進めたことから、戦車をタンクというようになる。飛行機による空爆も、まだ初歩的なものではあったが本格化していった。飛行船の戦争使用も同様である。海においても戦艦の大型化と多様化は顕著で、潜水艦も実用化が進められた。武器の大型化、戦闘規模の拡大は、戦線における砲撃や爆撃によって村や町がまるごと消滅するといった悲惨な状況を、非戦闘市民を巻き添えにして拡大させていった。

敵軍同士が近距離でにらみあい、冬は寒さにかじかみながら、どろどろの溝のなかでじっと様子をうかがい続ける長期化した塹壕戦のなか、それを耐え忍ぶ兵士同士には仲間意識が形成されていく。どちらの陣営でも、一種の塹壕共同体といわれるような仲間の連帯感が生み出されていったのである。

いつ突撃命令が自軍から出されるかもわからない、いつ敵軍の突撃や砲撃にさらされるかもしれない、つねに緊張が強いられる塹壕にこもった兵士たちの悲惨な境遇、運命。そこに生じた強い仲間意識の生成。比較的のんびりした銃後の社会とのズレの感覚や、いらだち。後方にいる家族や友人、恋人との手紙のやり取りと、軍当局による検閲。塹壕新聞の発行による仲間同士の連帯感の醸成。これらは、やがて戦後の在郷軍人会組織へとつながっていくものであったが、しかしまた塹壕生活と凄惨な体験は、戦後にまで尾を引く心理的なトラウマの問題にもなる。そして両陣営ともに戦争末期に起こった、兵士の反乱の一因ともなった。

兵士が反乱や不服従を起こすには、それなりの原因があった。それは、前線兵士たちの無残な死骸を積み重ねさせた、指揮官による無意味な攻勢の指令である。戦車や飛行機が使用されはじめるまでは、塹壕戦での突撃命令は、攻撃を仕掛けた側により多くのダメージをあたえるのが一般であった。にもかかわらず、前線の状況を的確につかんでいないとしかいいようのない上部の司令官は、突撃の指令をくりかえし出したのである。

日常的にくりかえされた小規模な突撃命令

塹壕戦の訓練中のカナダ人部隊（1916年、フランス）

とはちがって、一九一六年になると、総攻撃が両陣営から仕掛けられ、じつに多くの犠牲者をもたらしてしまった。二月から一二月にかけて両軍からの熾烈な攻勢が応酬されたフランス東部、ヴェルダン要塞の攻防戦は、とくに有名である。要塞攻略をねらったドイツ軍の総攻撃は、最終的に成果をあげないまま終えざるをえなかった。このヴェルダン周辺では、森は両軍の砲撃で焼きつくされ、地面は砲弾の穴によってでこぼこに波打つありさまであった。いくつかの村は完全に消滅した。ドイツ軍とフランス軍、両軍の死者あわせて五〇万とみなされている。

おなじ一九一六年の東部戦線では、同様にロシア軍の攻勢が五月から八月にかけてなされ、また西部戦線でも北海側に近いソンムの戦闘においては、イギリス、フランスを中心にした連合軍によるドイツ軍にたいする総攻撃が、七月から九月にかけて展開された。いずれの総攻撃も戦局に効果を生み出さないまま、結果として生み出されたのは破壊と遺骸の山でしかなかった。

こうした事態は一九一七年にもくりかえされる。前線兵士のあいだにおける不満の鬱積は、不服従や抵抗の動きが発生する要因となった。こうした前線兵士の不満は、後方の労働者などと歩調をあわせて、ロシアでは革命の展開へとつながっていく。ロシア革命による帝国の崩壊である。革命参加者たちの合言葉は、「パンと平和」の要求であった。

戦局を大きく動かすことになったのは、アメリカ合衆国が連合側について参戦したことである。きっかけは、一九一七年二月からドイツ軍が仕掛けた潜水艦無差別攻撃による、アメリカ民間船への攻撃であった。中立非参戦を掲げて再選されたばかりであった合衆国大統領ウィルソン（一八五六―一九二四）は、この結果を受けて参戦へと方針転換した。ただしアメリカ合衆国といえども、すぐには派兵の態勢は整わない。戦局に影響をあたえはじめるのは、一七年の秋口からである。ヨーロッパにおける戦線へと送り込まれた物資や資金供与が、ドイツなどの同盟側に差をつけるもとになる。アメリカからの兵員は、総計約四三〇万が送り込まれたのであった。

3　長期化にともなう総力戦体制

戦争が長引き、膠着化するなかで、戦争が非日常のことではなく、戦争の日常化ともいえる状態になった。参戦した各国は、あらゆる物的資源、人的資源を、戦争に向けて編成する必要に迫られる。

必然的に、国家が大きく社会生活全般に関与するようになった。それまでの一九世紀の平時においては、基本的に、社会生活・経済生活は市民的な自由にゆだねる「レッセ・フェール」の方針、いわば個々人の自己責任を問うのが基本と見なされていた。それが、長期戦のなかで大きく転換を余儀なくされたのである。戦時体制として、一種の全面的な管理社会が目ざされることになる。

国家による経済・社会への関与の増大は、このあと二〇世紀においては、むしろ国家政治の基本となる。資本主義を前提にした社会福祉国家もそうであるし、公共事業投資による景気刺激といった経済政策もそうである。他方のソ連邦成立以後の社会主義国家の場合には、いわずもがなであろう。

第一次世界大戦時における経済社会の全面的な戦時動員としては、たとえば前線での軍事展開を可能にするための軍需生産の優先を、まず指摘できる。武器や砲弾が欠けては、戦術の展開も不可能になる。兵士のための制服や装備も不可欠である。したがって軍需工場への原料資源の優先的な割り当てが、計画的に遂行されるようになった。

労働力の点でも同様であった。働きざかりの男性労働力が前線に駆りだされている以上、その穴埋めが求められた。一般的にも、それまでは男性のみの労働の場であったところに女性が進出して穴埋めをする、という状況がひろくみられた。軍需工場へは、優先的に労働力が割り当てられたが、そこでも女性の活用は歴然としていた。さらに不足する分の埋めあわせには、植民地住民の労働力としての動員もなされた。

国家による生活への管理統制は、生活物資の配給制というかたちで現われた。主食であるパンはもちろんであったが、それ以外の食料品や砂糖のような調味料も、また冬場には必需であったまきや石炭などの燃料も、配給制がとられたところが多かった。家賃の凍結が命じられたところもあった。戦時の便乗値上げの防止である。

戦争にともなう管理統制強化の背景には、国内が戦地になったりして生産や運搬が混乱していた、という事情もあったが、また、両陣営による経済封鎖作戦の展開もあった。いわば兵糧攻めである。これにはもちろん、軍需生産のための原料資源の搬入をブロックする、という目的もあったが、同時に、食料などの生活物資の輸入も止められることになった。社会生活維持の困難という面からも、相手の厭戦気分をあおろうというのである。

相手の厭戦気分をあおる、という点では、さまざまな情報操作も本格化したのがこの大戦からであった、ということを指摘しておこう。はじめ、新聞や郵便などを対象とした検閲体制が敷かれたが、じきにこれには事前情報管理や、ある目的のために意識的に都合のよいような情報を流す、情報プロパガンダの方式がくわわることになる。自国、自軍にたいしては、これは自由のための戦いである、勝利は間近にある、あなたの支援の手が必要である、ということが宣伝される。敵国、敵軍にたいしては、その逆である。もう勝てるはずがないのだから、はやく戦闘を放棄しなさい、というわけである。

こうした国家関与の諸政策を各部署で統括できる専門的なエリート官僚が、戦時においてて重要さを増すことになったといえる。かれら専門技術を備えたエリート官僚は、やがてテクノクラートといわれるようになるが、二〇世紀の国家運営にとってのその重要性が、政治的な立場の左右を問わず明確になっていくのである。

しかし、ヴェルサイユ体制といわれるかたちをとった第一次世界大戦の戦後処理は、ドイツに全面的に責任を負わせたために、その後の世界情勢に不安材料をあたえるものとなってしまった。その後の歴史的展開を振り返ってみれば、第二次世界大戦の遠因が形成されたともいえるのである。

では、つまるところ、ヨーロッパ近代史における第一次世界大戦のインパクトとは、いかなるものだったのであろうか。

まず、政治においても経済においても、ヨーロッパ諸国の勢力後退とアメリカ合衆国の台頭という点を指摘しなければならない。ヨーロッパの参戦諸国は、勝敗に関係なく厖大な国家財政の赤字を背負い込むことになった。多くが、債権国から債務国へと転落したのである。一九世紀において、あれほどまでに世界経済の趨勢を支配していたイギリスの経済的後退はあきらかであった。ロンドンに代わってニューヨークが、世界的な金融センターの核になっていく。「ヨーロッパの世紀」は、第一次世界大戦とともに終焉を迎えたのである。

ヨーロッパ内、あるいはその隣にあった四つの旧帝国、すなわちロシア帝国、ドイツ帝国、オーストリア・ハンガリー帝国、オスマン帝国が、この戦争にかかわったことによって解体を余儀なくされた。代わりに、中東欧には比較的小規模な国家群が形成されたが、それはこの地域の政治的安定をもたらすものではなかった。

Pour que vos enfants ne connaissent plus
les horreurs de la guerre,
SOUSCRIVEZ
À L'EMPRUNT NATIONAL
SOCIÉTÉ GÉNÉRALE
M.H.C

「みなさんの子どもたちが戦争の恐ろしさをもう経験しないでもすむように、国債を購入しましょう」と呼びかけるフランスの銀行のポスター。1917年に、総力戦を支える資金を集めるために貼り出された。子どものベッドの上方には、おそらく戦死した父親の兵士姿がかけられている。戦時下には、相手の野蛮さを訴えるものや、自軍を鼓舞するタイプのものだけではなく、こうした家族感情に訴えかけるものや、どちらかというとほのぼのした雰囲気のものまで、画家たちを動員してさまざまなポスター類が作成された。(フランス現代史博物館現代国際資料室蔵)

総計約一〇〇〇万人に及ぶ多数の死者が生み出されてしまったことは、関係した社会にたいして大きな人口学的影響をあたえないわけにはいかなかった。とりわけ働きざかりの、したがって結婚して子どもをもうけるべき世代の男性人口が激減した社会では、戦前までとは大きくちがう状況が生み出されたのである。

一九世紀において、すでにみたような文明的先進への自負をもっていたヨーロッパは、この想定もしなかった悲惨な結果をともなう殺戮の応酬とその結果に、一転して文明への衰退観や危機感があおられるようになる。統合ヨーロッパへの構想も出されるようにはなるが、現実には、いっそうの富国強兵路線のせめぎあいをとめることはできなかった。

第一次世界大戦での総力戦体制は、すでにふれたように社会経済のあらゆる面で、女性の協力を不可避とした。戦後、女性はふたたび家庭に撤退することを求められたのではあるが、しかし多くの社会では長期的にみれば、選挙権をはじめとする政治や社会にたいする参加の権利拡大への方向が、女性について指摘できることもたしかである。

同様に、戦争に協力したことの見返りとして、労働者の発言権も拡大した。戦前には、多くが体制外の、あるいは反体制の存在とみなされた労働組合組織は、体制を安定的に維持する組織の一つとしての位置をえるようになっていく。労働組合は、交渉相手として位置する組織となり、一種の議会外の圧力団体ないし圧力勢力ともいえる存在になっていくのである。企業経営者の団体組織化の展開ともあいまって、議会外には各種の圧力団体が台頭することにもなった。在郷軍人会もその一つとなる。

しかし短期的にみたときには、こうした労使の組織や圧力団体の谷間には、組織にはひっかかっていない中間層のやり場のない不満が鬱積する結果をもたらしていく。戦後のインフレが、生活を大きく圧迫しただけに、これら中間層の不満はいっそう募ったのであった。それは、国によってはファシズム的な政治勢力が台頭してくるときに、その支持層の一つになったといわれている。しかし長期的にみるならば中間層は、ヨーロッパでもまちがいなく進行していく、いっそうの産業化へと向かう経済と対応した大衆消費社会への展開を、その基礎において支える社会層であったこともまたたしかである。

15　歴史文化の継承と芸術的創造

本章では、全体のまとめの意味もふくめて、ここまでの章においてはほとんどふれることができなかった側面について、とりあげてみたい。

近代ヨーロッパ文明といっても、そう単純に一色で塗りつぶして、わかったなどと思ってはいけない。その内部には、たがいに矛盾しあうような、多様な側面が内包されていたのだということ、そして、そういう相互に矛盾をはらむような展開を内包しつつ全体が維持されていた、という点にこそ、近代ヨーロッパの豊かさが指摘できる、と私は考えている。

ここまでの検討のなかで意識的に強調してきたことは、この時代に、最終的には産業文明の成立という点に集約できるような、そしてまた、国民国家の形成という点にも集約できるような、そういう歴史の展開が、いわばメイントレンドとしてあったのだ、という点である。それは、設定された目的に向かって合理性を重視する姿勢をはっきりと示す、そして歴史とは人類社会の進歩を体現するものにほかならない、さらには、自分たちのヨーロッパこそがその進歩の先端を行くものとして世界を変えていく使命を担っているのだ、という信念をともなったものであった。

ある意味では、きわめて楽観的な世界観、人生観、あるいは文明観ともいえる。こうした文明観を裏打ちしていたのは、たしかにわれわれがとりあげてきた時代のなかでヨーロッパは、その内部で政治的な自由の幅を大きく広げてゆき、経済的にも、科学技術的にも、たいへんな進歩をとげると同時に、軍事的にも他の世界を圧倒してしまった、という事実であった。すでにみたように、現在われわれが用いている技術のほとんどは、この時代のヨーロッパにはっきりとした出発点をもつものである。

こうした実態的な変化が、先ほど指摘したような文明観を裏打ちしていたのであったが、同時にそれは、ヨーロッパ外にたいしてはきわめて侵略的に、攻撃的に作用していった。そういう決定的ともいえる負の側面をもつものであったことも、すでにみたとおりに、見逃してはいけない。

では、われわれがとりあげてきた時代のヨーロッパの歴史を、いまいったような面だけで十分に捉えきったことになるだろうか、というと、やはり問題がある。もちろん、ヨーロッパといっても、東と西ではずいぶん差異をもっていたのだということ、さらには都市と農村とでもずいぶんちがいをはらんでいたのだ、ということについては、すでにくりかえし指摘してきた。

ここでとりあげたいのは、そういう点とはまたちがって、たとえば進歩の側面だけを強調する歴史観であるとか、理性の働き、合理性の追求という側面だけを強調するものの考え方であるとかを語って満足したのでは、近代ヨーロッパを決定的に取りちがえてしまうのではないか、ということにかかわっている。つまり、メイントレンドのなかにあって、それとは食いちがいを示すような、そういうものの考え方や、それにそった行動の模索、あるいは創造的活動もまた、この時代の明確な一側面として指摘されなければならないということである。

1　時代の底流としてのロマン主義

はじめに、一九世紀を通じての時代の底流ともいえる考え方、感性のあり方を、ロマン主義として指摘しておきたい、と思う。

もっとも、ロマン主義の定義自体たいへん厄介で、文学とか演劇・舞台芸術、絵画や彫刻といった造形芸術、あるいは音楽など、こうした芸術の諸分野と、歴史学や人類学などの学問分野、哲学思想にいたるまで、分野それぞれに、微妙に異なっていても不思議ではない。ロマン主義といわれる傾向がいつごろ現われてくるのかについても、そうした分野ごとのちがいと、また国や社会によるズレがあって、そうしたズレがまた、相互の影響関係をもたらすといった具合で、人類社会の歴史というのはまことに一筋縄ではいかない入り組んだものだ、ということを実感できるようなテーマなのである。

たとえばドイツやイギリスの文学においては、ロマン主義の傾向が現われるのは、ほかのヨーロッパ諸国よりも早かったといえそうである。そこで、ロシアの近代文学に出発点をあたえたと評価されている詩人のプーシキン（一七九九―一八三七）の場合には、イギリスのロマン派の詩人バイロン（一七八八―一八二四）の作品から、きわめて多くの刺激を吸収したといわれている。

バイロンは、ギリシャ独立戦争の支持に熱中して、義勇兵として参加しようとしてみずから現地に赴き、熱病に倒れて現地で死を迎えた人である。ロマン主義というのは、その潮流内部にすら向きのちがう渦巻きをかかえていて、相矛盾するような側面をはらみもっているように思われるが、基本的に重視されたのは、つぎのような点であったといえるのではないであろうか。

多様な感性、感情の発露そのものを重視する姿勢。であるからバイロンのように、一面では「人生のけだるさ」を歌ったりもしたのであるが、たとえ合理的でないとしても、ある一点に命を賭けてでも行動する激情を示す面もある。なにより、個人としての自由な振る舞い、率直な感情の表現をたいせつにしようとする。したがってその逆である、抑圧的な体制や、もっともらしい偽善、あるいはその場しのぎの取り繕いや偏見は、蛇蝎のように嫌う。そして、個人としての率直な表現と行動を重視するのではあるが、それは個人の利己心に結びつくものではだめで、世界全体のため、あるいは弱きもののために身をなげうつ、そういう自己犠牲的な英雄的な行動こそを讃える。そういうことになる。したがって、個人の自由を求め、あらゆる抑圧に逆らおうとする、という点で、やはり時代の趨勢に合致しながら、他面では、そこからはみ出すようなところのある姿勢でもあった。

プーシキンもまた、ロシアにおける自由の拡大を望んだ青年将校たち、デカブリストに味方していた。しかしかれらロマン派の文学者たちは、バイロンのように、直接行動に出るものは例外であった、といえるであろう。だからこそバイロンは英雄視された、ともいえる。一般にはあくまで創作活動において、自分たちの考え、感じるところを社会にたいして表現し、ぶつける、そういう行動の仕方がとられていたわけである。

すでにのべたようにロマン主義は、きわめて多様な、その内部に矛盾するような側面をもっているものであった。ここでバイロンとプーシキンをもちだしたことからして、すでに違和感をもつ研究者がいるかもしれない。私は文学史を専門とする研究者ではないから、詩は翻訳で読んでいるにすぎないし、あくまで今回の近代ヨーロッパ史の検討の文脈のなかでとりあげているにすぎない。ここでの私の議論も、ある一つの仮説的な説明として捉えていただいたほうがよい。読者のみなさんご自身で、それぞれの分野について調べて考えてみていただきたい、と思う。

さて、ロマン主義には、また別の側面もあった。一つには自然の礼賛という面である。もう一つは、それぞれの土地に伝統として培われてきたもの、歴史的な蓄積へのこだわり、という面である。

これらのいずれも、また、相反するような捉え方を内包していた。自然の礼賛という点では、人の手の加わらない野性的な、ワイルドなものへの憧れ、という面もあれば、人もまた自然のなかにおいて捉えようとする、人間性 Human nature もまた自然 Nature の一部なのだ、と捉える面もあった。

伝統や歴史という点では、土着性へのこだわりという面もあれば、国民性というような総括的な捉え方にもつながり、また、他方では、異国趣味的な、エキゾチックなものへの憧れ、という裏返った出方もあったといえるのではなかろうか。

これらすべてを、ロマン主義として一括するのは乱暴である、というそしりもあるかもしれない。細かく文学者や芸術家や思想家ごとに、比較考察していけば、そう簡単に括るわけにはいかない、という意見ももっともである。しかし全体を通観して、共通するものの感じ方、感性に裏打ちされていたのではないか、そのように大きく括っておきたいと、ここでは考えている。自然や歴史へのこだわりというのは、ある意味では、産業文明へと向かうメイントレンドからは外れるものといえる。しかしまた、それが国民性や国土の称揚というふうに表われてくるときには、まさに時代の風にのったものであった。先ほどからいっているように、相反する側面を相ともなっていた、ということである。

こうしたロマン主義的な感性をおそらくは共有しながら、その延長上に展開していた事態を、大きく二つにまとめて、以下において検討してみよう。

2 歴史的なものごとへのこだわり

一つは、いろいろな点での、歴史的なものごとへのこだわり、自分たちの過去へのこだわり、ということである。一九世紀ヨーロッパが産業文明に向かう時代にあったことはまちがいないが、では、どんどん変化し、新しいものにひきつけられてだけいたのか、というと、どうもそうではなかった。むしろ同時に、「歴史の世紀」ともいえそうである。

ひろく多くの人たちが、歴史的な見通しのなかで、現存在であるいまの自分を位置づけよう、という観点をもったということは、一八世紀末以来の激動を経験するなかで出てきた態度だといえるかもしれない。その極端な表われとしては、歴史決定論的な見方や、マルクス主義の場合にはっきりしているような、歴史的な法則論を指摘できる。事物の展開は、もう歴史によって方向性が決まっているのだ、とする見方である。一九世紀を進むにつれて、メイントレンドの進行とともに進歩史観が強くなる。しかしその場合にも、未来への進歩に賭けてもよいのだとする根拠は、歴史から求められていたといってよい。

一九世紀における歴史的なものごとへのこだわりをめぐって、三点に整理して指摘しておきたい。それぞれの点については、一つ一つ時間をかけて詳しく検討するだけの意味があることがらなのであるが、ここでは、指摘するだけにとどめざるをえないことをご了解いただきたい。

第一は、歴史学や考古学の近代的学問としての成立、ということである。一九世紀前半におけるロマン主義的な感性と関心を共有した歴史の追究、歴史の語りのなかから、近代的な史料批判の方法を厳しく確立した歴史学が明確になっていった、ということである。

政治的な立場は、歴史家個々人によってさまざまであったとしても、かれらが共通して同時代における課題を意識していたことはあきらかであった。それは、国民の過去を明確にすること、ヨーロッパの過去を明確にすること、それらの出自をはっきりさせる、それによって現在の存在根拠を求める、ということにつながっていた。そうしたなかで、近代のもう一つ前の時代としての中世への関心がたかまり、古代ギリシャへの本格的な学問的注目がはじまったのであった。古代ローマについても同様である。古代ギリシャの民主政治へのあらたな関心が、同時代のヨーロッパにおける民主主義の問題とのかかわりにおいて、浮上してくることにもなった。

こうして、歴史学の世界では、自国の歴史を捉えるための史料集の編纂刊行が組織され、推進されることになる。資料（ドキュメント）をストックしたうえで歴史的な研究のために開示する史料館、英語でいうアーカイヴズは、アルシーヴ、アルヒーフ、アルキヴィオといった各国それぞれの表現で、組織と整備とが推進された。それがあってはじめて、歴史の学問的研究の基盤が形成されていったのである。それは、自国の歴史にかかわるものだけではなかった。たとえば、ドイツの古代史家テオドール・モムゼン（一八一七―一九〇三）が中心になって編纂された古代ラテン碑文史料集のように、現在でも受け継がれて編纂事業が継続され、金字塔のように輝いているものも創られていった。

第二には、こうした史料館、アーカイヴズの設立整備とも、その姿勢は関連しているのであるが、各国で、あるいは各地で、歴史遺産の調査と保存、という動きが展開しはじめた。開始の時期は国や地域によってかなり異なっているが、いずれも一九世紀を通じて本格化していくといってよい。

歴史遺産の調査や保存の動きが、その修復という展開につながってくることもあった。たとえば、フランスのウージェーヌ・ヴィオレ＝ル＝デュク（一八一四―七九）という建築家は、そうして南フランスにある中世の城塞都市カルカッソンヌを、みごとに復元することになった。また、フランス革命によって文字どおり打撃を受けた教会建築を、修復して崩壊から救い出す役割も演じたのであった。有名なヴェズレーのロマネスク様式の教会や、ゴシック建築を代表するパリのノートルダム大聖堂も、かれらが一九世紀なかばに本格的に修復してくれなかったとしたら、いまでは崩壊して存在しなかったかもしれない。

こうした歴史遺産の調査、保存、修復は、各地に博物館や美術館、ミュージアムが設立されていく動きと同調していた。それぞれの国の歴史、あるいは土地の歴史が生み出したものを、一堂に展示することによって、一種の社会教育的な機能を果たすと同時に、いわば記憶の集合的な形成を図ろう、という試みであった。そのように、それらの設立の意図を概括できるであろう。もちろん、ルーヴル美術館とか大英博物館になると、一国というより、人類の遺産を展示する、という意味合いが強くなるが、それを国家が推進する意図としては同様であった。

こうした国家事業としての巨大なミュージアムの場合とはちがって、各地に設立されていったミュージアムが、歴史博物館にしても美術館にしても、あるいは科学博物館のようなものにしても、どれほど意図したようなものになっていたのか、という実態については、おそらく意図どおりになっていたわけではなかったであろう。現在でも研究はまだ十分には進んでいない、ないしはやっと進みだした分野である。

ここでは、歴史遺産についての共通認識をひろめて、自分たちの過去についての記憶の共有を図ろうとする、そういう意図が、国家をはじめとしたさまざまなイニシャティヴの働きによって、この時代からひろく存在するようになったことを押さえておきたい。

第三点目は、人びとの生き方において、それまでに伝承されてきたもの、先代からの事物を、そうおろそかにはしない、という姿勢が明確であったという点である。これはおおむね、現在のヨーロッパにまで通じる姿勢といってよいかと思われる。たとえば日用のもので、なにか新しいものが開発されたとしても、現在使っているものが十分に使用に耐えているとしたならば、そう簡単には新しいものに乗り換えたりはしない、という態度である。あるいは、親の代から、祖父母の代から、伝えられているものは、そのままだいじに使い続けられる、という行動の選択である。

したがって、科学技術の進歩についてのところで確認したように、さまざまな新しい発明や開発が、人びとの日常生活にもはいってくるという現象は一方にあったのであるが、他方では、すべてが新しいものになびいていく、という雪崩現象は起こらない。

これは、やはり歴史とのかかわりにおいて、たいへん長い時間の尺度でものごとを考える、という姿勢があったことと関係しているように思われる。たとえば、農村の集落にしても町の景観にしても、建物や空間構造は、そう簡単にはいじられなかった。激変するということは、一九世紀からの近代都市計画による変更までは、火事や地震で破壊されたような例外を除けばめったになかった、といえるであろう。また、たとえば大きな教会などの建築には、数百年がかけられて当然だとするような、息のながい考え方がふつうに共有されていた、ということを例示してもよいであろう。

現在でも、たとえば、スペインのバルセローナで建築中の教会、サグラダ・ファミリアの例がすぐに思い浮かぶ。この教会を設計したのは、カタロニアが生み出した天才、あるいは奇才といってよい建築家アントニ・ガウディ（一八五二―一九二六）であるが、かれがこの教会の建築に着手したのは、一九世紀末のことであった。二一世紀のはじめになっても、いまだに悠然と建築は続いているのである。

3　新しい芸術活動の叢生

このガウディの建築は、カタロニアの土着性にこだわっているという点で、一九世紀の歴史的性格を共有しているが、他方で、きわめて植物的とも生命的ともいえるような曲線が多用され、ほとんどうねっているような装飾が、しかしたんなる装飾としてよりも、その建築の本質の姿としてせまってくるような、そういう力をもってそびえている。そのイマジネーションの力というのは、たいへんなものだといわざるをえないであろう。一八五二年生まれのガウディは、その建築活動の初期においては、ヴィオレ＝ル＝デュクによる中世建築の再評価から影響を受けていたといわれる。しかし、世紀末から二〇世紀はじめにかけての建築活動では、かれは鉄筋の使用とか、新しい建築技術を採用することにもためらいはみせなかった。

ガウディは、スペインないしはカタロニアのモデルニスモ（近代主義）の建築家といわれる。ほかのヨーロッパ諸国においても、同様のあらたな展開が、建築や工芸、あるいは絵画の分野でひろく起こってきていたのであった。ガウディの才能の輝きは、そうしたヨーロッパ全体を包み込んでいたあらたな芸術の可能性を追求する動きのなかに位置していた、という点を見落としてはなるまい。

そのような既存の傾向からの脱却を図ろうというあらたな芸術運動は、イギリスではアーツ・アンド・クラフツ Arts and Crafts といわれ、フランスやベルギーではアール・ヌーヴォー Art Nouveau、南西ドイツやオーストリアではユーゲントシュティル Jugendstil、あるいはゼツェッション Sezession と呼ばれたものである。いずれもたいへん興味深い展開を示していたので、さっと表面をなでるくらいしかできないのが残念であるが、ここでは代表例として、時代的にももっとも早くから運動を展開していたウィリアム・モリス(一八三四―九六)とアーツ・アンド・クラフツについてとりあげて、要点のみ検討しておきたいと思う。

一九世紀のイギリスで、たいへん大きな影響力をもった芸術評論家にして社会理論家として、ジョン・ラスキン(一八一九―一九〇〇)という人がいた。一八三四年生まれのモリスと、その仲間たち、建築家のウェッブ、画家のロセッティやバーン＝ジョーンズも、すこし年長の一八一九年生まれのラスキンから、強い感化を受けていたといってよい。モリスたちは、産業製品が大量に出回りはじめるなかで、その製品の品質の悪さ、デザインの劣悪さを嘆き、日常生活のなかでこそ美が共有されなければならない、という立場

サグラダ・ファミリア
裏正面
バルセローナにあるガウディ設計のサグラダ・ファミリア教会。全体とその部分の拡大。装飾の彫刻もガウディの手になる。グエル公園の装飾と並んで、ガウディならではの植物的ないしは生命的な、一種のおどろおどろしさをともなった建築である。(筆者撮影)

裏正面　ガウディ自身の彫刻による

を鮮明にした。日用の美である。人間が働くということが、機械によって労働として、利益のために従属させられてしまっている現状、経済合理性のみが突出した市場経済に、根本的な疑義を提出するかれらは、中世的な職人仕事が生み出すことのできる美的な品質の高いものに、日々の生活が接するような状態が生み出されていかなければならない、と考えたのであった。その点では、一九世紀の歴史主義的な観点、中世評価をかれらも共有していたといえるであろう。

かれらの作品をみると、建築にはそれぞれの土地に伝来している様式と素材が重視され、室内装飾についても、一貫したコンセプトにおいて設計がなされている。アーツ・アンド・クラフツが日本ではしばしば民芸運動と翻訳されたように、庶民の日常生活にかかわる多様な工芸品を、手仕事の良さをもって製作する運動を展開した、という面をたしかにもったのである。

いまみたような現状批判をするモリスは、みずから、社会主義的な運動や当時の政治批判にも積極的にかかわっていた。しかし注目されることは、たんにノスタルジックに昔の職人仕事の復権を唱え、あるいはイデオロギー的に産業資本主義の発展に反対したのではなく、みずからのアーツ・アンド・クラフツ運動を、モリス商会という協同組合的な団体によって、商売として成立するように設計していた、という点である。手仕事の良さをもちながら、しかし、手仕事の範囲を逸脱しないように量産できるものはしていこうとしていた。そうでなければ、庶民への裾野はひろがらないからであろう。たとえば、壁紙であるとかカーテンなど、椅子や机などの家具やタイル、そしてみごとにデザインされた本などである。

かれらの運動が、単純に時代にたいしてそっぽを向いたのではなかった、という点、そして歴史に参照を求めながら、歴史に埋没するのではなくて、歴史の経験を現在にいかに生かすことができるのか、そういう発想に立っていた、という点に注目しておきたい、と私は考えている。

モリスたちの考え方や行動を育んだのも、近代ヨーロッパであった。かれらは、近代ヨーロッパを単純に否定的に批判するのではなしに、むしろ肯定的に批判して超えでることを模索したのだ、といったらよいかもしれない。

このような近代ヨーロッパの歴史を捉えるには、捉える側が複眼的な見方を用意してみなければならない。この点がよく理解されたとしたら、本書のねらいはなかば成功といわせていただきたい。なかば、である。その歴史の展開の複雑性、複層性、そのなかの創造的な展開の豊かさと、ヨーロッパの外部への攻撃的な展開の侵略性、こうしたことのなかから、じつは近代の歴史そのもののなかに、多様な可能性がはらまれていたのだ、ということがわかる。

われわれは、近代ヨーロッパにべったり惚れこんで溺れてしまうのではなく、逆にまた、ただその侵略性を非難してすました気になるのでもなく、もう近代ヨーロッパなんて日本は超えてしまったさ、とうそぶいて、じつは複雑性のまえにたじろいで立ちすくんでいるにすぎないような、おろかな選択をしてはならないであろう。ユーラシア大陸をはさんで反対側に歴史を刻んできたわれわれも、また近代の生み出したもののうちのかなりを背負ってしまっている現状のなかで、どういう姿勢をとって世界と向き合い、自分と向き合えばよいのか、それぞれの位置から皆さんご自身で考えてほしい。そうした思考の展開があちこちで開花すれば、私のこの小さな試みの残りの半分も達成されたことになる。

終章　近代ヨーロッパの光と陰

一九世紀の世界が「ヨーロッパの世紀」といってもよいような状況を呈した、ということには、本論中で何回かふれてきた。というより、それがいかなる意味においてであったのか、という問いが、出発点における課題の設定であった。もちろん、ヨーロッパの立場に立って過去の栄光をしのぶとか、夢よ今一度、と考えるなどといった目的のためではない。いわば「近代ヨーロッパの光と陰」の両面をしっかり捉えることが、じつは現在においてもたいへん大きな意味がある、というのが私の立場である。

いわゆる「長い一九世紀」、すなわち一八世紀後半のどこかから第一次世界大戦にかけての時代に、ヨーロッパの動き、あるいはヨーロッパ発の展開が、きわめて多くのことがらについて世界を左右するようになった。ある特定の側面、たとえば議会制民主主義の発展であるとか、あるいは工場生産の仕組の拡大であるとか、企業をはじめとした組織規模の膨張であるとか、あるいはまた医療技術などの進歩であるとか、あげていけば切りがないそれぞれの側面の個別の進歩や変化に限定されるのでなく、多くの側面、多くの局面が連動しながら変化の速度を上げていった、ということが、肝要な点であろう。

グローバル化の時代のさなかを生きている現代のわれわれは、ともすれば近代ヨーロッパなんて昔の話、もう歴史的過去さ、といって片付けてしまいかねないが、しかし現代生活を支えている多くのことがらが、じつはその源を近代ヨーロッパにもっていることは無視できない現実である。そして、近代ヨーロッパがもたらした各種のメカニズム、機械や道具だけでなく、制度や仕組、それらにともなう考え方をふくめ、それらがもたらした可能性も問題点も、じつは多くが現在にまで引き継がれて、今を生きているわれわれの思考や行動を枠づけていることに、気づいたほうがよい。もちろん、現代生活のすべてがそれらによって枠づけられているわけでないのは当然であるが、しかし多くの側面についてそういえることは、本論をお読みいただくなかである程度は伝わったのではないか、と期待している。

現代のグローバル化も、突然生じたわけではない。歴史的由来をもっている。そもそも地球上のさまざまな地域同士の結びつきや関係については、その密度や恒常性について伸縮をみせながら、相当に古い時代から存在していたとみなすことができる。しかし、そうはいっても、古来の交渉関係全般からの連続性に還元しても現在は分からない。昨今のように人・もの・情報がすさまじい規模と速度で世界各地を動き回り、地球世界全体を否応なしに連動させるような網の目が機能するようになってくるには、やはり「長い一九世紀」におけるヨーロッパからの展開が決定的に大きい位置を占めている、といってよい。そのヨーロッパの一九世紀の展開も、それ以前のいわゆる「大航海時代」の海外進出からの連続性を見ないわけにはいかない、ということで、本書の記述がはじまっていることは、すでにご承知のとおりである。

一九世紀から二一世紀の現在にいたる、この二世紀あまりの時代は、数百年後に人類がまだ生存しているとすれば、おそらく大きな人類史的あるいは文明史的転換点にあった、と見なされる可能性がおおいにあると思われる。ちょうど前七〇〇〇年紀に旧石器から新石器への転換がおこったころ、人類が農耕技術を身につけるようになったということから、その変化は新石器革命とか食糧生産革命と呼ばれたりしている。狩猟採集のみに依拠した生活から、農耕や畜産で食糧をみずから生産できるようになったことは、人類史からすればきわめて大きな、根本的な生存条件の変化であった。おなじように、と言い切ってよいかどうかは今後の検討課題であろうが、一九世紀のヨーロッパに端を発したこの二世紀来の変化は、人類史にとってきわめて大きな生存条件の変化であった。

すなわち、大規模な機械制の工場生産を基軸とした産業文明の発展と膨張のなかで、各地・各国の関係は限定的なものを決定的に超えでて、その質量ともに地球規模の構造をもったものへと拡張してきた。人・もの・情報の移動や流通は、実用レベルでの科学技術の驚異的な発展を基盤として、量的にも速度のうえからも、かつて人類が経験したことのないレベルにまで達してきているのが現状である。

機械生産技術にしても、交通や移動の技術にしても、電気通信技術にしても、あるいはまた遺伝子組み換えや各種バイオ技術にしても、科学技術基盤の根本的な変化は、加速度的な状況を呈している。こうしたなかで、社会経済を維持していくうえでの基軸には、どのような変化が生じているのであろうか。人類史におけるその基軸は、新石器革命以来ながらく農業経済にあったわけであるが、それが「長い一九世紀」を通じて機械制工業を中心とした産業経済へと転換した。本書の8章から10章にかけて捉えてみたとおりである。さらにそれは現在、科学技術基盤の根本的な変化と照応して、知識情報文明とでもいえるような社会への転換を来たしている。いわゆる知識基盤社会の到来、といわれている現象である。

もちろんここでいう知識とか知識情報とは、金融情報や市場知識などを含めた広い意味でのそれである。知識基盤社会といっても、食糧生産やものづくりが重要であることは、いくら時代が変化しても人はものを食し、身に何かをまとわずには生きられないのであるから、当然至極である。しかし社会経済の基軸が、知識情報へとシフトしつつあるのではないか、ということである。

大量生産・大量消費をもたらした産業文明の時代は、その構成要員であると見なされたそれぞれの国民国家が、地球規模で覇を競い合う時代でもあった。個々の国家がいわば虎視眈々と弱肉強食をねらうような状況がもたらされ、それが文明化の使命といった僭越至極な言説によって正当化される、という時代であったことは、すでに本論のなかでもふれたところである。そうした産業文明下における覇権抗争をともなった地球の一体化、世界のグローバル化は、二〇世紀を未曾有の戦死者を生み出すような戦争の世紀にしてしまった。しかもそこからわれわれは依然として脱却できていない、というのが現実である。近代ヨーロッパの「長い一九世紀」は、科学技術の全面的な発展をはじめ、さまざまな可能性をわれわれの時代にみちびく起点を画した、というのも現実であるが、他方では、工業化以後のとんでもない大量殺戮の時代を開いてしまった、というのも現実である。

科学技術の進歩だけでなく、合理的発想の展開や自由と平等という普遍的理念の確立、あるいは各種の芸術的創造の広がりといった、ポジの面から、近代ヨーロッパを一方的に称揚することはできない。しかしさりとて、エコロジーに反した資源の浪費や植民地支配の残虐性、殺戮兵器の開発といったネガの面だけに焦点をあわせて、近代ヨーロッパ批判をすませた気になるという愚行をも、避けなければならない。これについては、すでに本論中でもふれたところである。

同時代のどのような社会についてであっても、なにか一色で特徴づけて分かった気になるのは愚かであろう。十人十色というだけではなくて、さまざまな、一見すると矛盾している、あるいは相反している側面をあわせもっているのが、どのような社会であれ実状である。日本人論といった類の議論が、ときに刺激的ではあってもしばしば胡散臭いのは、そのゆえである。

歴史的過去を捉えようとする場合にも同様で、いくつもの視点から多角的に捉えてみることが必要なのであるが、近代ヨーロッパのように多様な側面が連動して変化しはじめていった時代の動きを捉え、現在へのかかわりを考えてみようとすれば、多元的なまなざしをしっかり据えてみることは、とりわけ不可欠の態度といってよい。変化のメイントレンドとは矛盾する、あるいは対立しあう諸側面を内包させながら、それが全体として社会の豊かさにつながる、ということもある。いや、それは寛容的抑圧にすぎない、という議論も場合によってはありえよう。さまざまな面について、検討すべきことは少なくない。本書では十分にとりあげられなかったが、近代ヨーロッパが生み出し、現在の世界にも取りついて離れない難題ナショナリズムなども、その一例であろう。

ヨーロッパの覇権に終止符を打った第一次世界大戦は、ヨーロッパの国々に、そして大戦を生き延びた人々の多くに、強い衝撃を残した。しかもヨーロッパは、その直後においてまたしても、ナチスなど全体主義勢力の台頭を抑えることもできず、再度大戦争の悲劇へと進んでしまった。こうした苦々しい経験から、しかしまたヨーロッパ諸国は、二〇世紀後半において独仏を中核とした欧州連合の形成という、新たな模索を開始して、現在のような拡大した欧州連合にいたっている。一九世紀以来の国民国家間の覇権抗争からは、想像すら困難だった展開である。またグローバル時代には、一国単独主義では世界平和への枠組作りもできないばかりか、国際協調にもとづく新たな世界秩序の模索もむずかしいことを、ヨーロッパの歴史的経験は語りかけている。

もちろん、欧州連合の形成と展開には、冷戦や経済競争の問題をはじめ、グローバル時代の世界政治あるいは世界経済における主導権争いといった、同時代の諸問題が関係している。しかしまた、欧州連合の枠組が重視されることは、一国単独主義やナショナリズムの殻への後退を廃して、歴史的過去への反省や新たな未来への希望を共有する基盤にもなっている。

たとえば、第14章でも言及した、第一次世界大戦において独仏両軍が正面からぶつかり合った激戦地ヴェルダン。そこには、現在、世界平和研究所が設置されているが、その展示や研究、平和活動は、フランスを特権化したものではない。このヴェルダン周辺には、かつての激戦の跡がいまでも戦跡として保存公開され、戦闘に倒れた兵士たちへの記念墓地も大小多く存在している。それらの戦跡をこんにち訪ねて印象的なのは、かつては自国兵士たちへの追悼、顕彰が主であったのが、現在では国籍を問わず戦争に倒れたすべての兵士たち、市民たちへの追悼が明確にされている、ということである。

別の例をみてみよう。フランスのノルマンディ海岸にあるアロマンシュというところでは、第二次世界大戦終結に大きな位置を占めたノルマンディ上陸作戦記念の式典が、毎年おこなわれている。二〇〇四年六月、その六〇周年の式典が実施されるにあたって、フランスは当時のドイツ首相シュレーダーをはじめて公式に招待し、シュレーダーもこれに応えて出席した。この記念式典は、愛国的な勝利の式典としてではなく、戦争の犠牲を追悼し記憶する義務を世界に訴える機会とする、と位置づけられた。当時のフランス大統領シラクは、こう演説している。

「ここ数十年来、かつて争いあった敵同士が、共同で現在を築きつつあります。両者はともに未来を見つめています。歴史に、戦士たちに、苦しみに、流された血に、敬意を表しつつ、私たちはともに平和と民主主義の勝利を祝います。フランスとドイツの和解は、世界の模範となるに違いありません。憎しみのなかに未来はないことを、誰もが理解することになるでしょう」。

ここには、もちろん政治的パフォーマンスという性格もあるには違いない。しかしアジア太平洋地域における日本政治の現状を考えるとき、そのようにだけいってすますわけにもいかないのではなかろうか。歴史的過去との接し方、かつて対立しあった他国・他地域との接し方において、学ぶべき要素はないか。

一国単独主義とは決別しつつある欧州連合の政策も、しかし各国内での支持という点からするとわずかな多数派でしかないことが多い。自国中心主義的な考え方からは脱却をはじめているかにみえるヨーロッパでも、しかし、その自文化中心的なものの見方は、依然として払拭されてはいないようにもみえる。それだけ、近代ヨーロッパからの文化的遺産は強固で、自分たちにとっての橋頭堡だと、肯定的に捉えられているのだともいえる。明治以降、脱亜入欧を掲げ、ヨーロッパ諸国に倣って殖産興業・富国強兵を政策方針とした近代日本の歴史を考えなおしてみるにおいても、近代ヨーロッパ自体の光と陰を、日本人各自がしっかり認識してみることが、前提として必要なことだと私自身は考えている。

文庫版へのあとがき

本書はもともと、放送大学の印刷教材として二〇〇五年三月に刊行された。今回ちくま学芸文庫の一冊に入れていただくにあたって、新たに終章を書き足すとともに、本文中の説明等ですこし文章を直したほうが分かりやすいと判断したところには、若干の加筆修正をほどこしている。しかし内容の基本は原著から変更していない。随所に、いかにも教科書という感じの記述もあるかもしれない。

また本書には、姉妹編ともいうべき加筆版があって、講談社の「興亡の世界史」シリーズの第13巻『近代ヨーロッパの覇権』（二〇〇八年一二月刊）がそれである。分量にしてほぼ二倍近くにして、構成等も本書とは異なっているが、歴史記述や解釈の基本は、書いた当人がおなじなのであるから本書と同様である。

放送大学の授業とセットになることを前提とした原著は、四年半、九学期間にわたって繰り返されたテレビ放送の授業も終了して、印刷教材としてはお役御免になった。そこに、ちくま学芸文庫の町田さおり編集長から、文庫版にしてはどうかというお誘いを受けた。

講談社の加筆版もあることから、私としては躊躇しないでもなかった。しかし、近代ヨーロッパと現在のわれわれとのかかわりを考えるうえで、要点をつかむには本書くらいのコンパクトな通史がかえって重宝である、という口説き文句に参って、お誘いを受けることにした。こうして一度は彼岸に向かった本書は、Uターンして生き返ることになった。ありがたいことである。

原著では「18・19世紀の世界のなかで」とそっけなく付けられている副題は、この文庫版では「世界を変えた一九世紀」と、よりインパクトのあるものにしてもらっている。これも、町田編集長からの提案である。書籍の編集者は第一の読者といわれるが、改めてしっかり読み込んでくださった町田さん他の皆さんには、この場を借りて御礼申し上げる。また、原著を大学での演習などで活用して意見を寄せてくださった知人、そこで否応なく読まされる羽目におちいったはずの学生諸君にも、役立っていたとすればうれしい。さらに本書が文庫版として多くの人の目に触れ、これからの世界と日本の行き方について考える、よすがの一つになれればまことに幸いである。

二〇一〇年五月、新緑を眺めながら

著者

参考文献

はじめに

全体の導入になるもの、あるいは本書で採りあげた時代の歴史的展開を多様な角度から教えてくれるものとして、つぎのような講座もの、あるいはシリーズのなかの関連する巻を参照することが、出発点としては入りやすいと思われる。いずれの講座、シリーズにも、それぞれ参考文献一覧が付けられているので、それらがまた参考になるであろう。

中央公論新社『世界の歴史』全三〇巻のなかで、本書に関連するつぎの諸巻が、読みやすいという点では、もっとも取り付きやすいかと思われる。第一七巻『ヨーロッパ近世の開花』一九九七年、第一八巻『ラテンアメリカ文明の興亡』一九九七年、第二一巻『アメリカとフランスの革命』一九九八年、第二二巻『近代ヨーロッパの情熱と苦悩』一九九九年、第二三巻『アメリカ合衆国の膨張』一九九八年、第二五巻『アジアと欧米世界』一九九八年、第二六巻『世界大戦と現代文化の開幕』一九九七年

より専門的な導入としては『岩波講座　世界歴史』全二八巻（別巻一）中の、第一二巻『遭遇と発見――異文化への視野』一九九九年、第一六巻『主権国家と啓蒙――一六―一八世紀』

一九九九年、第一七巻『環大西洋革命――一八世紀後半―一八三〇年代』一九九七年、第一八巻『工業化と国民形成――一八世紀末―二〇世紀初』一九九八年、第一九巻『移動と移民――地域を結ぶダイナミズム』一九九九年、第二二巻『産業と革新――資本主義の発展と変容』一九九八年、第二三巻『アジアとヨーロッパ――一九〇〇年代―二〇年代』一九九九年

『地域の世界史』全一二巻、山川出版社、一九九七―二〇〇〇年

『世界歴史大系』全一九巻、山川出版社、一九九一―二〇〇四年、のうち、イギリス史、フランス史、ドイツ史、ロシア史の各三巻中おもに第二巻と第三巻。

『新版　世界各国史』全二八巻、山川出版社、のうち、イギリス、フランス、ドイツをはじめとした関連する巻。

また、J・M・ロバーツ『図説　世界の歴史』全一〇巻、創元社、二〇〇三年、のうち、第六巻『近代ヨーロッパ文明の成立』、第七巻『革命の時代』、第八巻『帝国の時代』は、イギリスの名うての歴史家が個人で書き下ろした興味深く、かつよくできた通史。

以下、各章ごとに日本語で読める基本文献のいくつかをあげる。あげられる点数には限りがあるので、これらを入口として、さらに多方面の書物にあたっていってほしい。配列は著者名の五十音順である。

1　ヨーロッパによる海外進出の開始

●ジャネット・L・アブー＝ルゴド『ヨーロッパ覇権以前――もうひとつの世界システム』（上・下）佐藤次高ほか訳、岩波書店、二〇〇一年
●生田滋『大航海時代とモルッカ諸島――ポルトガル、スペイン、テルナテ王国と丁字貿易』中公新書、一九九八年
●彌永信美『幻想の東洋――オリエンタリズムの系譜』青土社、一九八七年／ちくま学芸文庫上・下巻、二〇〇五年
●イマニュエル・ウォーラーステイン『近代世界システム』全二巻、川北稔訳、岩波書店、一九八一年
●J・エリオット『スペイン帝国の興亡　一四六九―一七一六』藤田一成訳、岩波書店、一九八二年
●フィリップ・D・カーティン『異文化間交易の世界史』田村愛理・中堂幸政・山影進訳、NTT出版、二〇〇二年
●金七紀男『ポルトガル史』彩流社、一九九六年
●多木浩二『ヨーロッパ人の描いた世界――コロンブスからクックまで』岩波書店、一九九一年
●ルイス・ハンケ『スペインの新大陸征服』染田秀藤訳、平凡社、一九七九年

2 世界交易における覇権争い

●池本幸三ほか『近代世界と奴隷制――大西洋システムの中で』人文書院、一九九五年
●E・ウィリアムズ『資本主義と奴隷制――ニグロ史とイギリス経済史』中山毅訳、理論社、一九七八年
●イマニュエル・ウォーラーステイン『近代世界システム 一六〇〇―一七五〇』川北稔訳、名古屋大学出版会、一九九三年
●日蘭学会編『オランダとインドネシア――歴史と社会』山川出版社、一九八六年
●ジェフリ・パーカー『長篠合戦の世界史――ヨーロッパ軍事革命の衝撃 一五〇〇―一八〇〇年』大久保桂子訳、同文舘出版、一九九五年
●服部春彦『フランス近代貿易の生成と展開』ミネルヴァ書房、一九九二年
●ポール・ビュテル『近代世界商業とフランス経済――カリブ海からバルト海まで』深沢克己・藤井真理訳、同文舘出版、一九九七年
●藤井真理『フランス・インド会社と黒人奴隷貿易』九州大学出版会、二〇〇一年
●シドニー・ミンツ『甘さと権力』川北稔・和田光弘訳、平凡社、一九八八年

3 一八世紀における社会経済と政治

●今井宏『イギリス革命の政治過程』未來社、一九八四年

●岩井淳・指昭博編『イギリス史の新潮流――修正主義の近世史』彩流社、二〇〇〇年
●小倉欣一編『近世ヨーロッパの東と西――共和政の理念と現実』山川出版社、二〇〇四年
●近藤和彦『文明の表象　英国』山川出版社、一九九八年
●近藤和彦編『長い一八世紀のイギリス――その政治社会』山川出版社、二〇〇二年
●阪口修平『プロイセン絶対王政の研究』中央大学出版部、一九八八年
●丹後杏一『オーストリア近代国家形成史――マリア・テレジア、ヨーゼフ二世とヨーゼフ主義』山川出版社、一九八六年
●丹後杏一『ハプスブルク帝国の近代化とヨーゼフ主義』多賀出版、一九九七年
●土肥恒之『ピョートル大帝とその時代――サンクト・ペテルブルグ誕生』中公新書、一九九二年
●二宮宏之・阿河雄二郎編『アンシアン・レジームの国家と社会――権力の社会史へ』山川出版社、二〇〇三年
●ピーター・バーク『ルイ一四世――作られる太陽王』石井三記訳、名古屋大学出版会、二〇〇四年
●F・ハルトゥングほか『伝統社会と近代国家』成瀬治編訳、岩波書店、一九八二年
●ロザリンド・ミスチン『スコットランド史――その意義と可能性』富田理恵・家入葉子訳、未來社、一九九八年
●屋敷二郎『紀律と啓蒙――フリードリヒ大王の啓蒙絶対主義』ミネルヴァ書房、一九九九年

4　「啓蒙の光」と近代思想の誕生

●赤木昭三・赤木富美子『サロンの思想史——デカルトから啓蒙思想へ』名古屋大学出版会、二〇〇三年
●ポール・アザール『ヨーロッパ精神の危機——一六八〇—一七一五』野沢協訳、法政大学出版局、一九七三年
●石井三記『十八世紀フランスの法と正義』名古屋大学出版会、一九九九年
●U・イム・ホーフ『啓蒙のヨーロッパ』成瀬治訳、平凡社、一九九八年
●ノルベルト・エリアス『文明化の過程』（上・下）波田節夫ほか訳、法政大学出版局、一九七七、七八年
●ノルベルト・エリアス『宮廷社会』波田節夫・吉田正勝ほか訳、法政大学出版局、一九八一年
●小林善彦『誇り高き市民——ルソーになったジャン＝ジャック』岩波書店、二〇〇一年
●坂井栄八郎『ゲーテとその時代』朝日新聞社、一九九六年
●ロジェ・シャルチエ『読書の文化史——テクスト・書物・読解』福井憲彦訳、新曜社、一九九二年
●ロジェ・シャルチエ『フランス革命の文化的起源』松浦義弘訳、岩波書店、一九九四年
●高橋安光『旅・戦争・サロン——啓蒙思潮の底流と源泉』法政大学出版局、一九九一年

●ロバート・ダーントン『革命前夜の地下出版』関根素子・二宮宏之訳、岩波書店、一九九四年
●ロイ・ポーター『啓蒙主義』見市雅俊訳、岩波書店、二〇〇四年
●弓削尚子『啓蒙の世紀と文明観』山川出版社、二〇〇四年

5　人口増加の開始から「移動の世紀」へ

●明石紀雄・飯野正子『エスニック・アメリカ』新版、有斐閣、一九九七年
●川北稔『民衆の大英帝国――近世イギリス社会とアメリカ移民』岩波書店、一九九〇年
●黒川知文『ロシア社会とユダヤ人』ヨルダン社、一九九六年
●ジャン・ルイ・フランドラン『フランスの家族――アンシャン・レジーム下の親族・家・性』森田伸子・小林亜子訳、勁草書房、一九九三年
●フェルナン・ブローデル『物質文明・経済・資本主義　一―1　日常性の構造』村上光彦訳、みすず書房、一九八五年
●W・H・マクニール『疫病と世界史』佐々木昭夫訳、新潮社、一九八五年／中公文庫、上・下巻、二〇〇七年
●M・ミッテラウアー、R・ジーダー『ヨーロッパ家族社会史――家父長制からパートナー関係へ』若尾祐司・若尾典子訳、名古屋大学出版会、一九九三年
●ピーター・ラスレット『われら失いし世界――近代イギリス社会史』川北稔ほか訳、三嶺書

房、一九八六年
●ピーター・ラスレットほか著、斎藤修編『家族と人口の歴史社会学――ケンブリッジ・グループの成果』リブロポート、一九八八年
●E・A・リグリィ『人口と歴史』速水融訳、筑摩書房、一九八二年
●モニク・リュスネ『ペストのフランス史』宮崎揚弘・工藤則光訳、同文舘出版、一九九八年

6　革命に揺れる大西洋世界

●明石紀雄『トマス・ジェファソンと「自由の帝国」の理念――アメリカ合衆国建国史序説』ミネルヴァ書房、一九九三年
●エリック・ウィリアムズ『コロンブスからカストロまで――カリブ海域史』（1・2）川北稔訳、岩波書店、一九七八年
●ミシェル・ヴォヴェル『フランス革命と教会』谷川稔ほか訳、人文書院、一九九二年
●加茂雄三『地中海からカリブ海へ』平凡社、一九九六年
●国本伊代『概説ラテンアメリカ史』新評論、一九九二年
●斎藤眞『アメリカ革命史研究――自由と統合』東京大学出版会、一九九二年
●染田秀藤編『ラテンアメリカ――自立への道』世界思想社、一九九三年
●高橋均『ラテンアメリカの歴史』山川出版社、一九九八年
●田中治男ほか編『フランス革命と周辺国家』リブロポート、一九九二年

●遅塚忠躬ほか編『フランス革命とヨーロッパ近代』同文舘出版、一九九六年
●ウィリアム・ドイル『アンシャン・レジーム』福井憲彦訳、岩波書店、二〇〇四年
●中村仁志『プガチョフの反乱――良きツァーリはよみがえる』平凡社、一九八七年
●浜忠雄『ハイチ革命とフランス革命』北海道大学図書刊行会、一九九八年
●浜忠雄『カリブからの問い――ハイチ革命と近代世界』岩波書店、二〇〇三年
●リン・ハント『フランス革命の政治文化』松浦義弘訳、平凡社、一九八九年
●O・ブラン『女の人権宣言』辻村みよ子訳、岩波書店、一九九五年

7 ウィーン体制と四八年諸革命

●岩間徹『プーシキンとデカブリスト』誠文堂新光社、一九八一年
●喜安朗『パリの聖月曜日――一九世紀都市騒乱の舞台裏』平凡社、一九八二年／岩波現代文庫、二〇〇八年
●喜安朗『近代フランス民衆の〈個と共同性〉』平凡社、一九九四年
●喜安朗『夢と反乱のフォブール　一八四八年パリの民衆運動』山川出版社、一九九四年
●A・トクヴィル『フランス二月革命の日々』喜安朗訳、岩波文庫、一九八八年
●L・ネイミア『一八四八年革命――ヨーロッパ・ナショナリズムの幕開け』都築忠七・飯倉章訳、平凡社、一九九八年
●増谷英樹『ビラの中の革命――ウィーン一八四八年』東京大学出版会、一九八七年

●的場昭弘・高草木光一編『一八四八年革命の射程』御茶の水書房、一九九八年
●山根徹也『パンと民衆――一九世紀プロイセンにおけるモラル・エコノミー』山川出版社、二〇〇三年
●良知力『向う岸からの世界史――一つの四八年革命史論』未來社、一九七八年
●良知力『青きドナウの乱痴気――ウィーン一八四八年』平凡社、一九八五年
●良知力『一八四八年の社会史――ウィーンをめぐって』影書房、一九八六年
●良知力編『〔共同研究〕一八四八年革命』大月書店、一九七九年
●G・リューデ『歴史における群衆――英仏民衆運動史 一七三〇―一八四八』古賀秀男ほか訳、法律文化社、一九八二年

8 工業化と社会の変容

●M・J・ウィーナ『英国産業精神の衰退――文化史的接近』原剛訳、勁草書房、一九八四年
●R・ウィリアムズ『夢の消費革命――パリ万博と大衆消費の興隆』吉田典子・田村真理訳、工作舎、一九九六年
●川北稔『工業化の歴史的前提――帝国とジェントルマン』岩波書店、一九八三年
●川名隆史・篠原敏昭・野村真理『路上の人びと――近代ヨーロッパ民衆生活史』日本エディタースクール出版部、一九八七年
●S・カーン『時間と空間の文化』（上・下）浅野敏夫訳、法政大学出版局、一九九三年

●斎藤修『プロト工業化の時代――西欧と日本の比較史』日本評論社、一九八五年
●ルイ・シュヴァリエ『労働階級と危険な階級――一九世紀前半のパリ』喜安朗ほか訳、みすず書房、一九九三年
●アニタ・ショルシュ『絵でよむ子どもの社会史』北本正章訳、新曜社、一九九二年
●村岡健次『ヴィクトリア時代の政治と社会』ミネルヴァ書房、一九八〇年
●湯沢威編『イギリス経済史――盛衰のプロセス』有斐閣、一九九六年

9 農村のヨーロッパと都市のヨーロッパ

●植田重雄『ヨーロッパ歳時記』岩波新書、一九八三年
●ドナルド・J・オールセン『芸術作品としての都市――ロンドン・パリ・ウィーン』和田旦訳、芸立出版、一九九二年
●川越修『ベルリン　王都の近代』ミネルヴァ書房、一九八八年
●川越修ほか編『近代を生きる女たち――一九世紀ドイツ社会史を読む』未來社、一九九〇年
●近藤和彦『民のモラル――近世イギリスの文化と社会』山川出版社、一九九三年
●中野隆生編『都市空間の社会史――日本とフランス』山川出版社、二〇〇四年
●ピーター・バーク『ヨーロッパの民衆文化』中村賢二郎・谷泰訳、人文書院、一九八八年
●福井憲彦『時間と習俗の社会史――生きられたフランス近代へ』ちくま学芸文庫、一九九六年

●松井道昭『フランス第二帝政下のパリ都市改造』日本経済評論社、一九九七年
●フランソワーズ・ルークス『〈母と子〉の民俗史』福井憲彦訳、新評論、一九八三年

10 科学技術の実用化と産業文明の成立

●G・ヴィガレロ『清潔になる〈私〉——身体管理の文化誌』見市雅俊監訳、同文舘出版、一九九四年
●R・ウィリアムズ『夢の消費革命——パリ万博と大衆消費の興隆』前掲
●ジャン＝ピエール・グベール『水の征服』吉田弘夫・吉田道子訳、パピルス、一九九一年
●ヴォルフガング・シベルブシュ『鉄道旅行の歴史』加藤二郎訳、法政大学出版局、一九八二年
●ヴォルフガング・シベルブシュ『闇をひらく光——一九世紀における照明の歴史』小川さくえ訳、法政大学出版局、一九八八年
●C・E・ショースキー『世紀末ウィーン——政治と文化』安井琢磨訳、岩波書店、一九八三年
●種田明『近代技術と社会』山川出版社、二〇〇三年
●A・ベルトラン、P・A・カレ『電気の精とパリ』松本栄寿・小浜清子訳、玉川大学出版部、一九九九年
●松浦寿輝『エッフェル塔試論』筑摩書房、一九九五年

●見市雅俊『コレラの世界史』晶文社、一九九四年
●吉見俊哉『「声」の資本主義――電話・ラジオ・蓄音機の社会史』講談社、一九九五年

11　国民国家とナショナリズム

●B・アンダーソン『増補版　想像の共同体――ナショナリズムの起源と流行』白石隆・白石さや訳、NTT出版、一九九七年
●P・F・シュガー、I・J・レデラー編『東欧のナショナリズム』東欧史研究会訳、刀水書房、一九八一年
●谷川稔『十字架と三色旗――もうひとつの近代フランス』山川出版社、一九九七年
●谷川稔『国民国家とナショナリズム』山川出版社、一九九九年
●谷川稔ほか『規範としての文化――文化統合の近代史』平凡社、一九九〇年
●原聖『周縁的文化の変貌』三元社、一九九〇年
●藤沢房俊『大理石の祖国――近代イタリアの国民形成』筑摩書房、一九九七年
●E・ホブズボウム、T・レンジャー編『創られた伝統』前川啓治ほか訳、紀伊國屋書店、一九九二年
●吉見俊哉『博覧会の政治学――まなざしの近代』中公新書、一九九二年
●E・ルナンほか『国民とは何か』鵜飼哲ほか訳、インスクリプト、河出書房新社（発売）、一九九七年

●歴史学研究会編『国民国家を問う』青木書店、一九九四年

12　植民地帝国という野望の衝突

●H-U・ヴェーラー『ドイツ帝国――一八七一―一九一八年』大野英二・肥前栄一訳、未來社、一九八三年
●木谷勤『帝国主義と世界の一体化』山川出版社、一九九七年
●P・J・ケイン、A・G・ホプキンズ『ジェントルマン資本主義と大英帝国』竹内幸雄・秋田茂訳、岩波書店、一九九四年
●P・J・ケイン、A・G・ホプキンズ『ジェントルマン資本主義の帝国』全二巻、竹内幸雄ほか訳、名古屋大学出版会、一九九七年
●平野千果子『フランス植民地主義の歴史――奴隷制廃止から植民地帝国の崩壊まで』人文書院、二〇〇二年
●フリッツ・フィッシャー『世界強国への道――ドイツの挑戦、一九一四―一九一八』全二巻、村瀬興雄監訳、岩波書店、一九七二、八三年
●ジャン・ブーヴィエ『フランス帝国主義研究』権上康男・中原嘉子訳、御茶の水書房、一九七四年
●グザヴィエ・ヤコノ『フランス植民地帝国の歴史』平野千果子訳、白水社、文庫クセジュ、一九九八年

13　さまざまな帝国主義

●M・B・アダムズ『比較「優生学」史――独・仏・伯・露における「良き血筋を作る術」の展開』佐藤雅彦訳、現代書館、一九九八年
●井野瀬久美恵『大英帝国はミュージック・ホールから』朝日選書、一九九〇年
●井野瀬久美恵『植民地経験のゆくえ――アリス・グリーンのサロンと世紀転換期の大英帝国』人文書院、二〇〇四年
●工藤庸子『ヨーロッパ文明批判序説――植民地・共和国・オリエンタリズム』東京大学出版会、二〇〇三年
●栗本英世・井野瀬久美恵編『植民地経験――人類学と歴史学からのアプローチ』人文書院、一九九九年
●杉本淑彦『文明の帝国――ジュール・ヴェルヌとフランス帝国主義文化』山川出版社、一九九五年
●東田雅博『大英帝国のアジア・イメージ』ミネルヴァ書房、一九九六年
●富山太佳夫『ダーウィンの世紀末』青土社、一九九五年
●P・J・マーシャル、G・ウィリアムズ『野蛮の博物誌――一八世紀イギリスがみた世界』大久保桂子訳、平凡社、一九八九年

14　第一次世界大戦という激震

●J・M・ウィンター『第一次世界大戦』（上・下）小林章夫・深田甫監訳、平凡社、一九九〇年
●モードリス・エクスタインズ『春の祭典』金利光訳、TBSブリタニカ、一九九一年
●木村靖二『兵士の革命　一九一八年ドイツ』東京大学出版会、一九八八年
●木村靖二『二つの世界大戦』山川出版社、一九九六年
●ロバート・グレーヴズ『さらば古きものよ』（上・下）工藤政司訳、岩波文庫、一九九九年
●ジェームズ・ジョル『第一次大戦の起原』池田清訳、みすず書房、一九八七年
●B・W・タックマン『八月の砲声』（上・下）山室まりや訳、筑摩書房、一九六五年／ちくま学芸文庫、二〇〇四年
●B・W・タックマン『世紀末のヨーロッパ――誇り高き塔・第一次大戦前夜』大島かおり訳、筑摩書房、一九九〇年
●A・J・P・テイラー『第一次世界大戦』倉田稔訳、新評論、一九八〇年
●E・M・レマルク『西部戦線異状なし』秦豊吉訳、新潮文庫、一九五五年

15　歴史文化の継承と芸術的創造

●モーリス・アギュロン『フランス共和国の肖像』阿河雄二郎ほか訳、ミネルヴァ書房、一九

八九年
●内山武夫監修『モダンデザインの父　ウィリアム・モリス』（展覧会図録）NHK大阪放送局、一九九七年
●大江一道『世紀末の文化史――一九世紀の暮れかた』山川出版社、一九九四年
●小野二郎『ウィリアム・モリス――ラディカル・デザインの思想』中公新書、一九七三年
●ピエール・ノラ編『記憶の場――フランス国民意識の文化＝社会史』全三巻、谷川稔監訳、岩波書店、二〇〇二―〇三年
●S・ヒューズ『意識と社会――ヨーロッパ社会思想一八九〇―一九三〇』生松敬三・荒川幾男訳、みすず書房、一九七〇年
●福井憲彦『世紀末とベル・エポックの文化』山川出版社、一九九九年
●ハンス・H・ホーフシュテッター『ユーゲントシュティール絵画史』種村季弘・池田香代子訳、河出書房新社、一九九〇年

参考文献追補

以上の参考文献の基本は原著のままであるが、その後に、制約された時間の隙間に私が読ん

だもののなかから、刊行年の新しいいくつかの関連書のみ追加の手がかりとして補っておきたい。配列は五十音順で、別の意味はない。

●駒井洋監修『ヨーロッパ・ロシア・アメリカのディアスポラ』明石書店、二〇〇九年

●近藤和彦編『歴史的ヨーロッパの政治社会』山川出版社、二〇〇八年

●塩川伸明『民族とネイション――ナショナリズムという難問』岩波新書、二〇〇八年

●柴田三千雄『フランス革命』岩波現代文庫、二〇〇七年

●ヴォルフガング・シヴェルブシュ『敗北の文化――敗戦トラウマ・回復・再生』福本義憲ほか訳、法政大学出版局、二〇〇七年

●オリヴァー・ジマー『ナショナリズム　一八九〇―一九四〇』福井憲彦訳、岩波書店、二〇〇九年

●立石博高・篠原琢編『国民国家と市民――包摂と排除の諸相』山川出版社、二〇〇九年

●永原陽子編『「植民地責任」論――脱植民地化の比較史』青木書店、二〇〇九年

●西川長夫『〈新〉植民地主義論――グローバル化時代の植民地主義を問う』平凡社、二〇〇六年

●二宮宏之『フランスアンシアン・レジーム論――社会的結合・権力秩序・叛乱』岩波書店、二〇〇七年

●姫岡とし子・川越修編『ドイツ近現代ジェンダー史入門』青木書店、二〇〇九年

●A・ポーター『帝国主義』福井憲彦訳、岩波書店、二〇〇六年
●S－L・ホフマン『市民結社と民主主義――一七五〇―一九一四』山本秀行訳、岩波書店、二〇〇九年
●M・ヤイスマン『国民とその敵』木村靖二編、山川出版社、二〇〇七年

●や・ら・わ　行

●ま　行

●な　行

●は　行

●た　行

●さ　行

●か　行

索引

配列は五十音順、＊は人名

本書は二〇〇五年三月二〇日、放送大学教育振興会から刊行された放送大学教材『近代ヨーロッパ史——一八・一九世紀の世界のなかで』に終章を増補したものである。

解禁　昭和裏面史　森正蔵
日々戦争へと雪崩込んでいった昭和前期。そこでは何が起きていたのか。戦時中公表できなかった事実を発掘した昭和史の名著。（保阪正康）

中世賤民の宇宙　阿部謹也
西洋中世の身分差別と賤視の問題に正面から取り組んだ著作。畏怖が賤視に変わる過程を考察、中世の人々の心的構造の核に迫る。（大黒俊二）

西洋中世の男と女　阿部謹也
中世の男と女の関係から西洋史全体を見直した斬新な試み。性愛をめぐる民衆と教会の攻防を通じ庶民の文化を論じる。（佐藤賢一）

中世を旅する人びと　阿部謹也
西洋中世の庶民の社会史。旅籠が客に課す厳格なルールや、遍歴職人必須の身分証明のための暗号など、興味深い史実を紹介。（平野啓一郎）

漢字の文化史　阿辻哲次
中国文明を支え発展させてきた漢字。その悠久の歴史と漢字をめぐる人々の歩みを、さまざまな出土文物を手がかりにたどる、漢字史入門の決定版。

1492 西欧文明の世界支配　ジャック・アタリ　斎藤広信訳
1492年コロンブスが新大陸を発見したことで、アメリカをはじめ中国・イスラム等の独自文明は抹殺された。現代世界の来歴を解き明かす一冊。

世界史的考察　ヤーコプ・ブルクハルト　新井靖一訳
古典的名著の新訳版。歴史を動かした「力」を巡る考察。歴史への謙虚な姿勢と文明批評に見える鋭敏さは、現代においても多くの示唆を与える。

都市　増田四郎
「都市」という現象を世界史的な視野から概観し、西欧と日本・中国の市民意識の本質的な相違を解明した比較文化論の名著。（阿部謹也）

アラブが見た十字軍　アミン・マアルーフ　牟田口義郎／新川雅子訳
十字軍とはアラブにとって何だったのか？　豊富な史料を渉猟し、激動の12・13世紀をあざやかに、しかも手際よくまとめた反十字軍史。

世界史の流れ　レーオポルト・フォン・ランケ　村岡哲訳

革命の時代にあって危機にさらされた君主制。その問題意識に応えて、ローマ帝国の興亡から同時代までを論じた実証主義的史学講義。（佐藤真一）

子どもたちに語るヨーロッパ史　ジャック・ル・ゴフ　前田耕作監訳　川崎万里訳

歴史学の泰斗が若い人に贈る、とびきりの入門書。地理的要件や歴史、とくに中世史を、たくさんのエピソードとともに語った魅力あふれる一冊。

地中海世界のイスラム　W・モンゴメリ・ワット　三木亘訳

かつてイスラムはヨーロッパに多大な文明をもたらした。世界史の再構成を目指し、多様な人間集団の共存の道を探ったイスラム文化論の名著。

宗教は国家を超えられるか　阿満利麿

近代日本はどのような文化的枠組みで国民の「臣民化」をはかったのか。その構造と実態を、宗教との関わりを通して明らかにする。（西谷修）

法然の衝撃　阿満利麿

法然こそ日本仏教を代表する巨人であり、ラディカルな革命家だった。鎮魂慰霊を超えて救済の原理を指し示した思想の本質に迫る。

親鸞・普遍への道　阿満利麿

絶対他力の思想はなぜ、どのように誕生したのか。日本の精神風土と切り結びつつ普遍的救済への回路を開いた親鸞の思想の本質に迫る。（西谷修）

歎異抄　阿満利麿訳／注／解説

没後七五〇年を経てなお私たちの心を捉える、親鸞の言葉。わかりやすい注と現代語訳、今どう読んだらよいか道標を示す懇切な解説付きの決定版。

公案　秋月龍珉

はじめて公開された「公案」の真髄。参禅への実践的指導と、公案に潜む思想的究明とが渾然一体となった類例のない入門書。（竹村牧男）

女犯　石田瑞麿

妻帯・密通・強姦・男色。性行為を禁じられた出家者には常に大きな葛藤と規制、処罰、逸脱の歴史があった。僧の性と破戒の全貌に迫る貴重な研究。

ちくま学芸文庫

近代《きんだい》ヨーロッパ史《し》　世界を変えた一九世紀

二〇一〇年六月十日　第一刷発行

著　者　福井憲彦（ふくい・のりひこ）
発行者　菊池明郎
発行所　株式会社　筑摩書房
東京都台東区蔵前二―五―三　〒一一一―八七五五
振替〇〇一六〇―八―四一二三
装幀者　安野光雅
印刷所　株式会社精興社
製本所　株式会社積信堂

乱丁・落丁本の場合は、左記宛に御送付下さい。
送料小社負担でお取り替えいたします。
ご注文・お問い合わせも左記へお願いします。
筑摩書房サービスセンター
埼玉県さいたま市北区櫛引町二―六〇四　〒三三一―八五〇七
電話番号　〇四八―六五一―〇〇五三

ISBN978-4-480-09299-1 C0116